멘토링 활동 핸드북

멘토링
활동 핸드북
Mentoring Handbook

류재석 지음

한국학술정보[주]

1. 21C 새로운 패러다임 멘토 제도!

지금 이 시간에도 세계는 변화하고 있다. 과연 이러한 변화의 와중에서 가장 중요한 핵심은 무엇일까? 경영환경도, 기업도, 고객도, 경영 패러다임도 변화하고 있다. 하지만 가장 중요한 것은 그 기업을 구성하고 있는 구성원의 능력이 아닐까? 구성원들이 힘을 합쳐 회사를 위해 일하며, 그들의 역량을 키워나갈 때만 이러한 변화의 와중에서 승리자가 될 수 있을 것이다.

> "기술이나 가격은 경쟁기업이 쉽게 모방할 수 있지만 사람의 의욕과 창의성을 극대화시키는 인재개발 정책은 쉽게 모방할 수 없는 장기적인 기업경쟁우위의 원천이다." – Jeffrey Pfeffer (스탠퍼드대 교수)

이러한 시점에서 국내의 경영 환경의 변화는 세계 곳곳에서 경쟁하고 있는 우리 기업들에게 새로운 경영 패러다임의 선택을 요구하고 있다. 멘토링 코리아에서는 이러한 변화를 사전에 감지하고 우리 기업들에게 새로운 경영 패러다임으로서 멘토 제도를 제시하려고 10년에 걸쳐 노력해 왔다.

새로운 경영 패러다임으로써 멘토링은 새로운 경영이념과 새로운 경영전략, 새로운 경영기법을 검토하여 우리의 실정에 맞는 한국적 인재개발 방식을 확립하는 것이다.

한 사람을 소중히 여기는 멘토링(Mentoring)은 전통적 멘토링으로 인간관계 촉진을 통하여 개인 업무 능률을 향상시키고, 제도적 멘토링으로 인재 경쟁력을 확보하여 조직의 높은 성과(High Performance)를 달성하고자 하는 조직혁신 기법이다.

오늘날 대부분 조직에서 상위 1%이내에 드는 위대한 지도자들은 한 가지 공통점을 가지고 있다. 바로, 지도자에게 가장 중요한 일은 좋은 인재를 발굴하고 그들을 주위에 두는 일이라고 믿는 것이다. 조직 스스로가 생산성을 향상시킬 수는 없다.

그러나 사람들은 할 수 있다. 어느 조직이든 가장 귀중한 자산은 바로 사람이다. 시스템은 옛것이 되고, 건물은 허물어지며, 기계는 낡아진다. 그러나 사람들은 자신이 가진 잠재된 가치를 인정해 주는 멘토를 만나면 성장하고, 발전하며, 유능한 인물이 된다.

2. 멘토의 필요성

*개인에 필요성
 - 한 사람의 멘제가 자신이 가장 잘할 수 있는 적성(Aptitude)을 찾아 역량(Competency)을 개발하고 리더로 성장하는 데 멘토가 필요하다.

*조직에 필요성
  - 평사원의 의식을 리더(Leader)의식으로 전환함으로 인재경쟁력을 확보하고 개인의 역량개발과 조직의 업무능력을 향상하는 데 멘토가 필요하다.

*사회에 필요성
  - 오늘날 하이테크(Hightech) 부작용으로 인하여 상실된 인간성을 하이터치(Hightouch)로 회복하여 인간이 존중받는 사회를 이룩하는 데 멘토가 필요하다.

  이 세상에서 가장 아름다운 조직은 가정이다. 가정은 엄한 아버지와 부드러운 어머니 밑에서 자녀들이 행복하게 자라고 있다.
그러나 오늘날 사회 각 조직은 엄한 아버지와 같은 상급자 체제에서 부하들은 업무성과에서 강박감과 상급자와의 갈등으로 불안을 느끼고 있는 현실이다.
  멘토 제도는 직장에서 아버지와 같은 상급자의 생산성(Productivity)경영과 반면 어머니와 같은 멘토를 통하여 인간성(Humanity)경영을 보완해 주는 균형경영 프로그램이다

3. 멘토링 Trio Books 소개

  먼저 멘토링 트리오 그룹은 조직 내의 멘토제그룹, 관리자그룹, 경영자그룹으로, 3가지 악기로 아름다운 화음을 일궈내는 트리오(Trio)로서 각 그룹이 제 역할을 감당함으로 책임감과 자부심, 그리

고 긍정적인 분위기 조성과 전문적인 프로그램을 체계적으로 적용하여 멘토링 활동 성공률을 높이고자 함이다.

금번 각 조직에서 멘토링의 성공적인 활동 지원을 위하여 멘토링 트리오 북(Trio Books) - 3권을 발간했다. 특히 발간된 책의 특징은 먼저 재미있게, 감동적으로, 논리적으로, 그리고 현장 사례를 담아 부드러운 책으로 발간했다.

[MTB - 도서 3권 소개]

1 - Manual　　　　멘토링 관리 매뉴얼

이 책은 멘토링 프로그램 매뉴얼로서 관리자 그룹이 프로그램 관리하는 데 필독서이다. 책의 내용은 핵심주제 12, 멘토 탈무드, 개인 조직 성경 이야기 36개, Q&A, 그리고 Trio 성공전략을 담았다.

2 - Handbook　　　　멘토링 활동 핸드북

이 책은 멘토 지침서로서 멘토제그룹이 현장에서 활동 촉진하는 데 필독서이다. 책의 내용은 멘토제도 이해, 멘토 기술 14, Trio 성공전략, 멘토링 행동양식 등을 담았다.

3 - Leadership　　　　멘토링 경영 리더십

이 책은 섬기는 리더십으로서 경영자그룹이 구성원들의 마음을 얻는 데 필독서이다. 책의 내용은 멘토링 주요 아젠다, 경영사례 12, 경영멘토십, 12주제별 명상록, Trio 성공전략 등을 담았다.

*Handbook 내용 Contents

Charter1 – 멘토 제도 운영 요령

멘토(Mentor)라는 말이 공식적으로 대두되게 된 것은 호머의 저서 그리스 신화에서 BC 1250년경 이타카 왕국의 오디세우스 왕이 트로이 전쟁에 출정하면서 어린 왕자 텔레마쿠스의 스승으로 멘토라는 이름을 가진 사람을 선정하면서 공식적인 기록에 남게 되었고 오늘날은 도움을 주는 보통 명사로 부르게 되었다.

Chapter2 – 대화 기본기술

멘토의 활동은 효과적인 '대화'에서 시작된다는 점을 명심해야 한다. 그냥 아무 생각 없이 내뱉는 말들은 결코 진정한 '대화'라고 할 수 없다. 의미가 담긴 진심어린 대화를 통해서만 서로에 대한 이해와 멘토링의 학습효과를 촉진시킬 수 있다. 가장 기본이 되는 대화기술, 질문기술, 경청 기술 등 3개를 다루었다.

Chapter3 – 관계 중급기술

멘토의 멘토링 활동에서 관계 형성은 절대 빠져서는 안 되는 핵심요소이다. 즉 남에게 좋은 영향을 미치려는 사람에게 반드시 필요하다. 관계기술, 상담기술, 토론기술 등 3가지를 다루었다.

Chapter4 - 미팅 고급기술

멘토링 활동에서 미팅데이 진행 방법과 멘토와 멘제가 가장 어려워하는 것이 미팅 소재다. 멘토가 꾸준히 연구하고 특별히 미팅 소재 개발 기술을 익혀 대응한다면 필히 성공적인 맨토링을 할 수 있다. 여기에 먼저 적합성기술, 인간성기술, 생산성기술, 그리고 장래성기술 등 주제 4가지와 소재개발 14가지를 다루었다.

Chapter5 - 멘토링 Trio 성공전략

조직 내 관리자그룹, 멘토그룹, 경영자그룹 등 3그룹이 트리오(Trio)가 되어 3가지 악기로 아름다운 화음을 일궈내듯이 멘토링에 관한 공동 관심을 갖고 각기 맡은 역할을 제대로 실행하여 성공률을 높이고자 한 것이다.

      그룹1 - 멘토그룹 - 멘토링 활동 - 6Step 전략
      그룹2 - 관리자그룹 - 12개월 시스템 운영 전략
      그룹3 - 경영자그룹 - 12개월 동기부여 전략

Chapter6 - 멘토링 감성 개발 게임

멘토의 역할 중 우선순위는 멘제를 위한 정서개발이다. 이 장에서는 멘토/멘제의 감성 개발 자료로 먼저 EQ 테스트를 통하여 감성의 현재 상태와 개발 대안을 제시했고 Lynchpin Game을 통하여 성격의 강점과 약점을 파악하여 상호 대응 방법을 다루었다. 마지막으로 최근 조직마다 칭찬기법을 많이 활용하는데 Pygmalion Game을 통하여 행동 유형에 맞게 칭찬기법을 활용할 수 있도록 했다.

*Handbook 감사 Thanks

　멘토링 코리아 설립 당시(1998.2.1) Bob Biehl 박사(美, 멘토링 전문가)와 William Gray 교수(加, 브리티시 대학)로부터 전화, 이메일, 책자 등의 귀중한 자료를 제공받은 것에 대하여 두 분께 진심으로 감사를 드린다.

　초창기부터 한국적인 정서에 맞는 올바른 이론 정립과 생산성 확보에 필수적인 실행 프로그램을 개발하는 데 전문연구원으로 동참한 민홍기 박사, 김영회 박사, 최창호 박사, 최명국 박사, 탁충실 위원 그리고 최근에 합류한 김순환 박사, 이제빈 박사, 한광훈 박사, 김해영 박사, 조병용 박사, 김동철 박사, 김성일 군목, 조주영 박사, 홍은경 박사, 안만수 박사, 전종현 위원, 박화현 위원, 문일상 위원께 감사를 드린다.

　멘토링 자격증을 취득하고 전문업체로 파트너십을 하고 있는 김호정 원장(멘토링솔루션), 이용철 원장(한국멘토링코칭센터), 나병선 대표(멘토링코링컨설팅), 홍은경 소장(핸즈코리아)과 기타 현장에서 멘토링 보급에 앞장서고 있는 143명 자격자에게 감사를 드린다.

　멘토링 불모지 한국에서 모험적으로 프로그램을 최초로 도입하여 실무 관리자로 수고한 홍무용 님(00년 하이닉스반도체), 김영만 님(01 포스데이타), 정성찬 님(02 이랜드), 이제화 님(02 삼성SDI), 김정법 님, 안해정 님(02 삼양사)께와 최근 체계적인 컨설팅 프로그램을 도입해서(06 / 5~12월) 성공적인 실적을 거둔 노동부 부천지청 임은주

청장, 박은경 계장, 그리고 본부 혁신성과단 이원호 서기관님께 감사를 드린다.

멘토링은 저자에게 하나님이 25년 만에 기도의 응답으로 주신 선물(Gift)이다. 이에 감사하는 마음으로 멘토링에 열정을 가지고 다이아몬드와 같은 고품질의 프로그램으로 개발하여 1)하나님께 영광, 2)조직개발에 기여, 그리고 3)많은 사람에게 유익을 주고자 한다(고전 10:31~33).

저자의 멘토로서 8년간 청교도 삶을 각인시킨(1980~1988) 故 김용기 장로님(가나안농군학교 설립자)과 대를 이어 멘토링 관계를 이어오고 있는 김평일 교장님(가나안농군학교 교장)께 감사를 드린다.

이 책이 발간되기까지 짧지 않은 세월 속에서 기도의 응원군인 서현교회 김경원 목사님과 성도님들, 그리고 저자의 에너지 근원이 된 아내 임금자를 포함한 가족인 류환, 류현, 한현숙, 류경헌, 류지영, 안성훈에게 감사를 드린다.

마지막으로 어려운 여건 속에서도 기꺼이 출판을 맡아 수고한 한국학술정보㈜ 임직원님들께 심심한 감사를 드린다.

2008. 7. 1 저자 류재석 드림

*Handbook 차례 Index

Episode◀지옥과 천당

어느 여행자가 지옥과 천당을 방문하게 되었다. 지옥은 깡마른 사람들이 서로 다투고 있는 장면이었고 천당은 반대로 윤택한 사람들이 싱글벙글 웃으면서 이야기를 나누는 장면이었다. 궁금하게 여겼던 여행자는 한참 후 식사 시간에서야 그 해답을 찾았다.

양쪽의 공통 사항은 풍성한 음식과 그 위에 사람의 팔보다 더 긴 6척의 포크가 놓여있었다. 지옥 사람들은 그 긴 포크로 자기 입으로 넣으려니 음식이 뒤로 쏟아졌고, 천당 사람들은 그 긴 포크로 1:1로 앞에 있는 사람의 입으로 넣고 있었다. 자기만 챙기려는 이기주의와 남을 배려하는 이타주의가 지옥과 천국을 갈라 놓았다.

Chapter 1

멘토제도
운영요령

인류 역사 이래로 멘토링은 인간의 관계 형성 본능에 의하여 우리 생활 속에 깊숙이 자리 잡아왔다. 대표적인 사례가 천주교대부제도의 근원이라고 볼 수 있는 유대인의 잔닥(Zantak‑BC14C)제도다.

멘토(Mentor)라는 말이 공식적으로 대두되게 된 것은 호머의 저서 그리스 신화에서 BC 1250년경 이타카 왕국의 오디세우스 왕이 트로이 전쟁에 출정하면서 어린 왕자 텔레마코스의 스승으로 멘토라는 이름을 가진 사람을 선정하면서 공식적인 기록에 남게 되었고 오늘날은 도움을 주는 보통 명사로 부르게 되었다.

멘토제도(Mentor System)가 역사 속에서 제대로 자리를 잡게 된 것은 프랑스 루이 왕조 시대에 페넬롱(Fenelon)이 부르고뉴(루이 14세 장손) 왕자의 멘토로 활동하게 되면서 1699년에 『텔레마코스모험』이라는 저서를 남기게 되어 역사 속에서 명실 공히 멘토링의 철학이 정립된 것이다.

중세에서 유럽의 마스터제도, 길드제도, 천주교대부제도 등이 인재 개발의 주요한 프로그램으로 인정받게 되어 크게 활성화되면서 최근 1901년 미국에서 청소년 멘토제도(BBS)가 첫 비영리 단체로 활동하게 되었다.

오늘날 조직에 도입되고 있는 제도적 멘토링은 1970년대에 레빈슨 교수(Levinson 예일대)의 저서 『남자의 생애계절』에서 「멘토가 없는 사람은 고아와 같다」와 로체 교수(Roche 하바드대)의 「기업의 임원으로 승진된 사람들은 대부분 멘토의 도움을 받았다」라는 글과 윌리엄 그레이 교수(William Gray 브리티시대)의 새로운 멘토링 프로그램(New Mentoring Program)이 발표되면서 현실에 맞게 이론 정립과 실행 프로그램으로 체계를 이루게 된 것이다.

국내 멘토제도는 저자가 1998년 2월 1일에 탁충실위원 민홍기 박사 김영회 박사 최창호 박사 박건 박사 최명국 박사 등과 공동연구를 하면서 '멘토링코리아'를 설립하여 한국 실정에 맞고 생산성을 확보할 수 있는 제도적 멘토링 프로그램(Systematic Mentoring)을 개발하게 되었다.

주제 1. 멘토 유래와 의미

    오디세우스(Oddyseus) 왕은 트로이(Troy)전쟁(BC1250)에 참전하여 귀환하기까지 20여 년이라는 오랜 세월 동안 이타카 왕궁을 비웠다. 그리고 그가 집으로 돌아왔을 때, 멘토(Mentor)가 텔레마코스(Telema-chos)를 지혜롭고 현명한 청년으로 키워 놓은 것을 보았다.

    호머의 저서 그리스 신화(BC800) 바로 이 시에서 지혜와 예술의 여신 아테나(Athena)가 멘토의 형상을 띤다는 사실도 주목할 만하다. 이것은 우리가 이해하는 몇 가지 재미있는 가능성을 더해 준다. 예를 들면, 이 이야기는 오디세우스 왕의 귀환과 동시에 텔레마코스 왕자와 함께 원로 간신들과 대항하여 격렬한 싸움을 하는 것으로 끝난다.

    그런데 싸움에 참가한 원로 간신들 대부분은 오디세우스가 오랫동안 집을 비운 사이 그의 왕비 페넬로페(Pelelope)에게 강제로 청혼한 사람들이었다. 아버지와 아들과 군대의 결속력은 아주 강했다. 그래서 그들은 다시 승기를 잡았을 뿐 아니라 적군의 진지를 완전히 쓸어버리겠다고 위협했다. 그러나 장수들이 적군을 쓸어버리려 할 때,

아테나가 나타나 오디세우스에게 전투를 끝낼 것을 요구한다.

> "레이어티즈와 나이 든 신들의 아들 오디세우스여, 땅의 길들과 바다의 길들의 주인이여, 당신에게 명하라. 이 전투를 여기에서 그치라고. 그렇지 않으면 넓은 세상을 보시는 제우스(Zeus)께서 화내시리라." 그는 그녀에게 수종했네, 그의 마음은 기뻤다네. 후에 두 진영은 그들의 중재자를 통해 곧 폭풍구름을 방패로 가지신 제우스의 딸 아테나를 통해 평화의 맹세를 하였다네. 하지만 그녀는 여전히 멘토의 형상과 목소리를 가졌다네.

그러므로 멘토는 평화유지, 중재, 공동체의 보존과 관계있는 것으로 보인다. 병사들이 그의 말에 귀를 기울인다. 그는 싸움 위에 서 있다. 그리고 그의 지혜(또는 아테나의 지혜)가 그 날을 다스린다.

요점은 멘토가 우리가 쓰고 있는 은유적 용어인 스승(Mentor)이라는 말의 기원이라는 것이다. 모든 묘사적인 언어처럼 멘토는 사람들에 따라 각기 다른 의미를 가진다. 멘토는 주인, 인도자, 본보기, 지도자, 선생, 아버지 같은 사람, 트레이너, 가정교사, 조언자, 상담자, 코치일 수 있다. 그리고 그 외에도 더 많은 가능성이 있으므로 멘토의 역할의 정확한 정의는 인간경영을 주도하는 리더 즉 포괄적인 존재라고 말해야 할 것 같다.

주제 2. 멘토 필요성

사람(Person, 라틴어로는 *Persona*)이라는 단어가 헬라어 '프로소폰 (*Prosopon*) 즉 '얼굴을 맞대고'라는 단어에서 유래했다는 사실은 의미심장하다. 동양에서도 한자로 사람 인자(人)를 보면 서로 글자 획이 받치고 있음을 알 수 있다.

다시 말하면, 각 인간은 서로 대면하고 서(Standing) 있는 존재, 다른 사람을 향하여 돌아서서 대화하며 관계를 맺고 있는 존재란 뜻이다. 이와 대조적으로 개인(Individule)이란 단어는 사람(Person)이란 단어보다 수백 년 뒤에 생겨났는데, 라틴어로 '나눌 수 없는(*Individuls*)'이란 단어에서 유래하였다.

이런 유래는 우리가 어떻게 살아가야 하는가에 대해 중요한 단서를 제공한다. 우리는 단절된 개인이 아니라 서로 마주 보며 공동체 안에서 살아가는 사람들이다.

20세기의 대량생산과 분업화를 주축으로 해오던 경제체제가 21세기에는 다품종 소량생산과 특성화라는 새로운 패러다임의 경제체제로 급속히 전환되고 있다. 대량생산의 필수요소인 규격화와 표준화

는 집단주의 사회 풍토에서 한때 사회적인 미덕으로까지 치부되어
왔다. 기업, 학교, 교회 등 각 조직의 교육현장 역시 이 같은 사회적
인 패러다임 속에서 예외는 아니었다.

19세기까지만 해도 가정교육이나 서당교육 등 교육 현장에서는
인간의 관계와 관계 사이에서 이어져 내려오는 인격적 감화와 영향
력이 사회적으로 일반화되어 있었다. 그러나 20세기 이후 학교라는
제도적인 교육은 공장에서 대량 생산되는 물품처럼 인격적인 영향력
이 배제된 채 규격화되고 경쟁적인 모습으로 생산에 소요인력을 공
급하는 데 앞장서 왔다.

산업화가 진전될수록 개인주의는 병세가 악화되었고 공동체가 해
체되면서 개인과 개인 사이의 단절된 틈을 타고 죄(罪)는 밀물처럼
밀려들어 왔다. 범죄는 갈수록 흉포화·지능화되었다. 학원 폭력과
가정 파괴도 전 세계적으로 심각성을 더해 왔다.

개인주의가 극에 달해 있는 미국 사회에서도 이 같은 병폐는 더
욱 짙게 나타났고 드디어 인간관계 중심의 리더십 유형인 멘토링
(Mentoring)이 그 사회적 대안으로 등장하여 유행병처럼 번지고 있다.

오늘날 21세기는 미래학자들이 예견한 것처럼 각 조직에서 인재전
쟁(The War for Person)을 치를 만큼 인간관계가 갈급한 시대(Mentoring
Age)라고 부르게 되었다.

그로 인하여 지금까지 각 조직에서 대량집단 교육체계로 이어오던
인재육성 전략도 이제는 새로운 틀(New Paradigm)을 강력히 요구받
게 되었던 것이다.

1. 오늘날 기업은?

20세기의 대량생산과 분업화를 주축으로 해오던 경제체제가 21세기에는 다품종 소량생산과 특성화라는 새로운 패러다임의 경제체제로 급속히 전환되고 있다. 대량생산의 필수요소인 규격화와 표준화는 집단주의 사회 풍토에서 한때 사회적인 미덕으로까지 치부되었다. 기업의 집단교육 역시 이 같은 사회적인 패러다임 속에서 예외는 아니었다. 그러면 멘토링 기법에서 기업의 인재 개발 대안은 무엇인가?

1) 현행 집단교육은 갈수록 그 피해가 속출하고 있으며 특히나 고비용 저효율이라는 차원에서 문제가 심각하다.

멘토링은 그에 최적의 대안으로 중간지도자인 멘토를 세워 1 : 1 인재 개발 체제로 저비용 고효율뿐만 아니라 집단교육의 피해를 충분히 보완할 수 있는 프로그램이다.

2) 생산성(Productivity) 위주의 현행 일방(One Way) 경영체제는 노사관계뿐만 아니라 오늘날 구성원의 다양한 능력을 모으는 데 걸림돌이 되고 있다.

인간성(Humanity) 위주의 멘토제도는 사원이 함께 참여하는 쌍방(Two Way) 경영의 새로운 노사화합 문화를 구축할 수 있는 대안으로 평가받고 있다.

3) IT산업 발전과 첨단기술(Hightech)은 살벌한 경쟁심을 유도함으

로써 모래알 같은 차가운 조직 분위기가 되어 특출한 인재들의 이직이 속출하고 있다.

멘토링은 이러한 냉랭한 분위기에서 멘토와 멘제 간에 따뜻한 인정(Hightouch)이 베풀어짐으로 고품질의 인재(High Quality Person)를 확보할 수 있어 21세기 인재전쟁(The War for Talent) 시대에서 인적 경쟁력의 우위를 선점하는 HRD의 New Paradigm이라 할 수 있다.

2. 오늘날 학교는?

18세기 중엽 영국에서 일어난 산업혁명으로 인해 산업화, 도시화가 이루어짐으로써 교육도 대중화 시대를 맞이하게 되었다. 시민대중의 의무교육은 점차 각국의 국가적 시책으로 등장했고 과거와 달리 교육기회의 균등한 분배가 민주사회를 앞당기는 공헌을 했어도 학교교육 적용곤란 학생의 양산이라는 또 다른 문제점을 야기하고 말았다. 게다가 18세기 말 프랑스에서 발발한 정치혁명은 방금 전의 산업혁명과 더불어 서양인들의 사고와 생활에 가히 '혁명적' 지각변동을 가져왔다.

그 뒤로 19세기에 넘어와서 마르크스 공산주의 운동, 다윈의 진화론 및 프로이드의 의식형 심리학 등에다 20세기 포스트모더니즘까지 뒤범벅이 돼 지식인들조차 확정된 객관적 가치의 부인을 공공연히 들먹였다. 이러한 결과로 인간 간 유대 단절, 공동체의 와해, 자연의 침탈현상이 갈수록 두드러지게 되었고, 사회의 일원인 학교 역시 그 충격으로 무너져 갔다.

특히 미국에서는 멀리는 장자크 루소, 가까이는 존듀이의 자연주의-본성주의-교육사상에 입각한 진보교육이념이 교육의 지적 측면을 소홀히 하고 재능개발만 강조하다 보니 하향평준화로 가버렸고 끝내 공교육의 붕괴로 이어지고 말았다.

이에 교육적 실재를 회복하고, 각종 형태의 부적응 학생을 도와주기 위해 열린교육, 영재교육, 인성교육, 대안교육 등이 출현한 것이다. 그러므로 이러한 대안교육은 기존교육의 반성에서 출발한다. 지적 기능 발휘 위주, 개인주의적 입시경쟁 위주의 교육, 개성을 무시한 천편일률의 교과과정, 이신론적 신념 위에서 개발을 빙자해 자연을 마구 만용, 훼손하려는 이기주의 및 섬김보다 출세를 미덕으로 삼는 입신양명주의에 물든 기존 학교교육의 한계를 극복하려는 의지의 일단이 인간성 회복의 보완 프로그램으로 멘토제도를 강하게 요구받고 있다.

1) 현행 평준화 교육은 갈수록 그 피해가 속출하고 있으며 과대한 사교육비와 교육이민이라는 차원에서 사회적으로 문제가 심각하다.

멘토링은 그에 최적의 대안으로 중간지도자인 멘토를 세워 1 : 1 인재 개발 체제로 우수그룹 학생과 열등그룹 학생을 수준별로 교육함으로써 평준화 교육의 피해를 보완할 수 있는 프로그램이다.

2) 양(Quantity) 위주의 현행 교육체제는 학생들의 다양한 재능을 개발하는 데 걸림돌이 되고 있다.

인간성(Humanity) 위주의 멘토십 제도는 학생 개개인의 재능과 특성을 개발하여 질(Quality)적 성장을 유도하는 대안으로 평가받고 있다.

3) 학력 위주(Hightech)의 학습풍토는 살벌한 경쟁심을 유도함으로써 사제 간, 학생 간에 모래알 같은 분위기가 되어 전인교육을 지향하는 학교교육에 치명타를 안겨주고 있다.

멘토제도는 1 : 1 관계로 교사 간, 교사와 학생 간, 학생 간 따뜻한 인정(Hightouch)이 우선적으로 베풀어짐으로써 자연스럽게 인성교육의 장(場)이 마련되게 된다.

3. 오늘날 교회는?

교회론의 가장 큰 이슈는 '교회가 왜 존재하는가?'라는 물음이다. 이 질문은 '교회의 사명이 무엇인가?' 하는 질문과 동일한 것이다. 한국 교회는 이 질문을 답하는 과정에서 역사적으로 두 유형의 모델을 세워 나갔다. 하나는 전도를 통한 '교회 양적 성장'이며 다른 하나는 '교회 질적 성숙'이다. 이와 같이 양적인 성장과 질적인 성숙이라는 두 바퀴가 서로 같이 구를 때만이 교회가 건강하다고 볼 수 있다.

그러나 오늘날 목회의 현실은 어떠한가? 아래와 같이 몇 가지 문제점을 지적하고 멘토링 전략 차원에서 대안을 제시하고자 한다.

1) 첫째는 목회자의 일방적인 목회(Oneway 목회)가 문제이다. 과중한 목회로 인하여 건강은 물론이고 고유한 기도와 말씀 연구에 전념하지 못하므로 교인의 질적 성숙에 문제가 드러나고 있다.

멘토링에서는 모세가 평신도를 개발하여 중간지도자에게 업무를 위임한 사례와 같이 오늘날 목회 현장에 평신도 멘토제를 도입하여 의사소통이 원활한 목회(Two way목회)를 지향해야 한다.

2) 둘째는 교육 중심의 지적목회(Hightech 목회)가 문제이다. 평신도에 대한 과분한 성경교육은 결과적으로 이기주의적인 제자는 양산될지 모르나 진정한 사역자는 얻기 힘들다. 목적보다도 수단이 앞서가는 것은 스스로 부메랑 피해를 목회자 자신이 안게 되는 것이다. 멘토링에서는 예수님의 소수 중심으로 따뜻한 인정을 베푸는 목회(Hightouch)로 전향할 때가 되었다고 본다.

3) 셋째는 앞문도 활짝 열리고(Produtivity 목회) 뒷문도 활짝 열려 있는 목회가 문제이다. 활발한 전도 활동을 통하여 새 신자들이 교회에 들어오게 하는 데는 목회자마다 제 실력을 충분히 발휘하고 있다고 본다. 그러나 문제는 기존 성도들에 대한 관리기술은 어쩐지 허술해서 뒷문으로 줄줄 새고 있는 현실이다. 멘토제도를 활용해서 교인 한 사람 한 사람에 만족 기법을 발휘(Humanity목회)하여 뒷문을 막아야 한다.

그러므로 미래의 모든 교회는 아무리 대형 교회가 나타난다 할지라도 성도 한 사람 한 사람을 돌볼 멘토제도(Mentor System)를 구축해야 한다. 이는 큰 교회 속에 작은 1 : 1 교회를 만드는 것과 같다. 이 1 : 1 팀은 다만 지리적인 공통점을 가지고 기계적으로 나눈 하부조직이 아니고 멘토로 하여금 교인의 욕구를 정확히 진단하고 충족시킬 대안을 가지고 탄생되는 살아 있는 유기체 조직이 되는 것이다.

오늘날 조직에 적용하는 멘토제도는 1 : 1(소수) 인간관계를 통하여 먼저 조직체 구성원을 Hightouch와 Hightech를 겸비한 고품질의 인재로 개발하는 제도이다. 또한 조직개발 전략으로서 멘토링은 학교의 인성교육·특기개발교육, 기업의 핵심인재 개발·신입사원정착, 교회의 평신도 개발·1:1 제자훈련 등 각기 조직의 목표를 달성하고자 하는 조직개발 활성화 보완 프로그램이다.

주제 3. 멘토제도 운영방법

여기서 멘토제도(Mentor System)는 전 세계적으로 활용되고 있는 멘토풀센터(Mentor Pool Center-MPC)를 의미하며 멘토 전담기구로 한국 상황을 감안해 몇 가지 새로운 프로그램을 추가하여 8단계(8-Step)로 설명하도록 하겠다.

1. 멘토풀센터의 개요

1) 멘토풀센터(MPC)란?
멘토풀센터(Mentor Pool Center)란 멘토링에서 성공 여부를 좌우하는 멘토(Mentor)를 양성, 관리, 활동, 동기부여, 사후관리 등 활성화를 주관하는 멘토 전담 기구를 말한다.

2) 멘토풀센터(MPC) 운영목적
멘토의 특수성을 살려 활성화 대안을 마련하고 체계 있게 관리하여 인재 개발을 통하여 조직의 혁신을 유도하는 데에 목적이 있다.

1) 멘토의 특수성을 살려 전문성 있는 멘토로 개발한다.
2) 멘토에 대한 동기부여 등 활성화 대안을 마련한다.
3) 멘토그룹을 체계 있게 관리, 양성, 교육 등을 한다.
4) 멘토를 개발함으로 조직혁신과 연결한다.
5) 멘토에 대한 사후관리를 주선한다.

3) 멘토풀센터의 위치

조직 내 멘토링위원회 소속에서 멘토링을 현장에 적용하는 팀에서 업무를 수행한다.

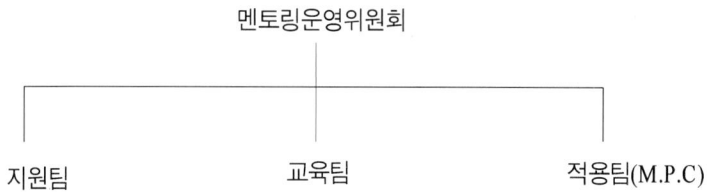

4) 멘토풀센터 구성원

센터장(실장이나 팀장) 1명과 사무 보조원 약간 명으로 하고 멘토링 활동에 참여하는 우수 멘토 중에서 선발하여 구성한다

2. 멘토풀센터 관리 8단계

각 조직의 상황에 따라 멘토의 기준을 설정하여 멘토풀에 등록하고 등록된 멘토를 대상으로 교육·훈련시키면서 항상 멘토를 관리할

수 있도록 아래 8단계(Step)에 따라 전문적으로 관리한다.

Step 1 멘토 자격기준 설정

1. 멘토로서 가장 적절한 덕목이 무엇인지를 각 조직의 문화 등을 고려하여 선정한다.
2. 멘토의 자격 기준은 일반자격 / 업무(전문)자격으로 구분하여 기준을 설정한다.
* Attributes / Antecedents / 직책 / 전문분야 / 기타 특성 등등

Step 2 멘토그룹 선정 – 풀에 등록

1. 멘토로서의 자격기준을 평가하여 멘토그룹을 선정하여 멘토 Pool 에 등록한다.
2. 멘토는 기술 / 업무 / 전문분야별로 구분하여 관리한다.

1) 멘토 선발 특성

① Aged(나이) – 이왕이면 나이가 든 사람이 좋다.
② Carreered(경력) – 이왕이면 경력이 많은 사람이 좋다.
③ Knowhowed(노하우) – 이왕이면 노하우를 가지고 있는 사람이 좋다.
④ Leadershiped(리너십) – 이왕이면 리너십을 갖춘 사람이 좋다.
⑤ Personalityed(인격) – 이왕이면 인격을 갖춘 사람이 좋다.

2) 멘토 선발 기준

① 멘토는 한 개인을 지원하고 그 사람의 성장에 관여하는 사람이다. 구체적으로 멘제의 인간가치를 업그레이드시키는 사람이다.

② 멘토는 상급자로서가 아닌 한 사람으로서 멘제 개인을 염려한다.

③ 멘토는 멘제 한 개인의 업무만이 아닌, 삶의 전반적인 발전을 돕는다.

④ 멘토는 권한이나 권력을 기반으로 하는 관계가 아닌, 특수 관계를 멘제와 맺는다. 멘토는 멘제의 말을 경청하고 질문을 받고 나서야 조언을 한다. 개인적인 판단이나 비난을 배제한 뒤 멘토의 조언이 이루어질 것이다.

⑤ 멘토는 무엇보다도 인간관계에 초점을 맞춘다. 멘토가 멘제와 맺은 관계에는 어떠한 사적인 이권이나 멘제에 대한 위기적인 사항도 있어서는 안 된다. 멘제 개인의 발전을 바라며, 애초에 멘제의 편에서 관계가 시작되기 때문이다.

⑥ 멘토는 신뢰받는 친구이자 선생님이며 안내자이고 역할 모델이다. 멘토는 멘제에게 전달하고자 미리 준비된 지식을 소유하고 있는 전문가이거나, 적어도 자신의 분야에서는 어느 정도 지위에 오른 사람이고, 주변 동료들에 의해서도 그렇게 인정받는 사람이다.

⑦ 멘토는 본래 멘제의 특성과 잠재력을 개발하며, 경쟁이 아니라 도와주는 존재다. 멘토는 인내심을 가지고 자신이 돌보는 멘제에게 도전하도록 권하며, 나름의 견해를 가지고 열의를 보여준다. 또한 미래에 대한 포부를 가지고 있으면서도 현재의 명확한 초점을 유지한다.

⑧ 멘토는 자신이 선택한 회사와 고용관계, 공적인 거래, 또는 직업에 대한 소명의식을 가지고, 회사를 사랑한다. 동시에 회사의 취약점을 인정하고 멘제가 그 취약점에 대처할 수 있게 건설적으로 도와준다.

3) 멘토 선발 방법

① 지원제－본인이 지원하고 멘토 추천위원에서 심의하여 선정하는 방법으로 가장 좋은 방법이다.
② 추천제－부서원이나 부서장이 추천하여 심사를 거쳐 결정하는 방법이다. 가능한 부서원의 무기명 투표로 결정하는 방법이 부서장이 직접 추천하는 것보다는 효과적이다.
③ 임명제－1과 2로 선발이 어려울 때 가장 비효율적인 방법으로 문서 임명으로 선발하는 것이다. 이는 타의에 의한 방법이므로 가능한 피하는 것이 좋다.

위 3개 항목으로 선발되는 과정에서 특히 추천위원에서는 회사 인사평사자료를 참작하여 가장 우수한 사원을 멘토로 최종 선발하는 것을 잊지 말아야 한다.

4) 멘토 선정 체크리스트

① 리더십을 발휘할 수 있는 자신이 있는가?
② 사람중심(VS 업무중심)의 행동 형태인가?
③ 경청과 지도 모두 가능한가?
④ 사내 조직에 관한 지식과 경험이 있는가?

⑤ 조직 내에서 리더 경험이 있는가?(자치회임원, 동아리운영자, 팀장 등)

⑥ 멘제와 다른 분야에서 성공경험이 있는가?

⑦ 조직 밖에서도 발이 넓고 칭찬의 대상이 되는가?

⑧ 자신의 전문 업무 외에서도 성장을 지원할 생각이 있는가?

⑨ 팀워크를 다져 업무를 수행할 수 있는가?

⑩ 위험하다고 생각될 때 인내력을 발휘해서 지켜보는 도량이 있는가?

Step 3 멘토 양성

1. 멘토로 등록된 사람들을 각 단계별로 교육·훈련 프로그램을 작성하여 훌륭한 멘토로 개발한다.

2. 멘토의 교육·훈련은 멘토로서의 자질, 소양, 자세, 전문분야를 주제로 관련교육(멘토링 원리, 멘토의 역할, 멘토리더십, 멘토/멘제 기술, 인재 개발 게임, 사례연구 등)에 대하여 철저히 실시한다.

Step 4 멘토그룹 활동

1. 멘토/멘제의 활동기간을 6개월, 12개월, 24개월 등으로 명시한다.

2. 멘토/멘제의 주간 미팅 등 개인 활동에 관한 프로그램을 제공한다.

3. 멘토/멘제가 전원이 활동하는 그룹에 특별 프로그램을 제공한다.

Step 5 멘토그룹 평가

1. 멘토 Pool에 등록된 요원들을 수시로 '멘토 자생력 개발 진단

도구' 등으로 평가하여 멘토로서 진정한 자격 여부를 항상 확인한다.

2. 평가결과 부진한 부분을 재교육하고, 자격 미달의 경우 차기 멘토링 활동에서 제외한다.

Step 6 평가기준 설정

1. 멘토링 프로그램 종료 후, 또는 멘토 Pool에 등록되어 있는 동안에 실시할, 각각 멘토와 멘제의 평가기준을 마련한다.

2. 멘토/멘제의 인격지수 개발(Star Game) 등을 채택하여 성장성/종합평가 기준을 마련한다.

Step 7 평가실시

1. 평가기준에 의하여 멘토와 멘제를 평가한다.

2. 평가목표는 멘토 및 멘제에 대한 보상(보수/신분)과 멘토의 자격성 여부 및 인사고과에 반영할 자료를 위한 것이다.

Step 8 보상 시스템 구축

1. 멘토링에 의한 보상 시스템을 만들어 멘토링을 조직은 물론 자신의 성공을 위한 모티브로 활용토록 한다.

2. 멘토링 결과를 인사고과 정책에 반영하는 경우 그 체계를 만든다.

3. 멘토 활성화 7대 기능

멘토로 활동하기까지 각 조직에서 물심양면에 상당한 투자가 필요하다. 그러므로 멘토로 한번 양성된 인재라면 멘토링 활동 사후에 중간지도자로 대우해 주면서 아래와 같이 멘토의 경험을 살려 조직에 주요한 기능에서 활동할 수 있도록 기회를 제공하는 것은 인재 활용 차원에서 효과적일 것으로 시행을 권한다.

1) 모니터링(Monitoring) 기능

멘토가 어떻게 일하는지 Check List를 가지고 멘토링 활동 기간에 계속 지켜본다. 그리고 그가 어떻게 일하고 있는지에 대해 피드백을 준다. 가능한 한 많은 칭찬을 한다. 그리고 새로운 멘제와의 관계에 대해 어떻게 느끼고 있는지, 어떤 좌절감이나 제안이 있는지에 대해 물어본다.

2) 의견조사 – 리서치(Research) 기능

조직구성원의 의견조사(research)는 멘토링 활동의 중요한 영역에 있는 조직구성원들의 태도나 의견에 관한 정보를 모으는 것이다. 이러한 조사결과가 조직구성원들과 함께 공유되고, 조직을 변화시키는 기초로 사용될 때는 훨씬 효과적인 커뮤니케이션 개선방안이 될 수 있다.

3) 제안(Suggestion) 기능

제안제도(suggestion system)란 조직구성원의 제안을 활성화하기 위하여 곳곳에 제안함을 설치하여 조직에 도움이 되는 제안에 대해서는 포상을 하는 제도이다.

4) 민원조사원 – 옴부즈맨(Ombusman) 기능

옴부즈맨(ombusman)이란 민원조사원을 말하는 것으로서 스칸디나비아에서 주로 사용되어 온 제도이다. 이는 행정기관으로부터 인권침해나 부당한 대우를 받은 사람에게 분노의 배출구를 제공한다는 개념에서 비롯되었는데, 옴부즈맨제도(ombusman system)란 조직에서 구성원의 불만사항이나 고충을 처리해 주는 사람을 두는 제도이다.

5) 멘토임원 – 매니저(Manager) 기능

멘토임원제란 젊은 구성원들의 참신한 아이디어나 건설적 제안을 발굴해 조직운영에 반영하는 한편, 실무직원의 의견을 여과 없이 상부층에 전달하는 시스템을 제도적으로 확보함으로써 상향적 커뮤니케이션의 기반을 조성하고, 그들에게 여러 분야에 대하여 경험과 지식을 습득시켜 궁극적으로 지도자적 자질을 갖춘 인재양성의 목적을 갖는 제도이다.

6) 의견조정자 – 코디네이트(Coordinate) 기능

조직 내의 의견을 조정하는 자를 둠으로써 싱향직 의사결징이 누락, 왜곡되는 것을 방지하거나 과다한 정보에 관한 우선순위를 결정하는 것과 같은 조정업무를 맡길 수 있다. 조직은 또한 의사결정 전문가들을 채용하여 그들로 하여금 의사전달체계를 개선시키고 조직 구성원에게 의사전달에 관한 훈련을 실시하도록 할 수 있다.

7) 역할 모델링 기능

역할 모델링(role Modeling)은 멘토링에서 멘토가 모범적인 역할 행동을 보여줌으로써 멘제가 그 행동을 모델로 하여 따라 할 수 있도록 하는 것으로서 百聞이 不如一見이라는 말처럼 조직구성원들에게 직접 보여주는 커뮤니케이션 방법이다. 이러한 역할 모델링은 구성원 간의 역할을 모델화함으로써 역할 모델모호성이나 역할 갈등을 제기할 수 있다. 멘토의 기준을 설정하여 멘토 Pool에 등록하고 등록된 멘토를 대상으로 교육·훈련시키고 Benchmarking하여 항상 멘토를 관리한다.

주제 4. 멘토(Mentor) 개발 방법

멘토 개발의 의미는 먼저 개인 자신은 물론 조직이 바라는 바람직한 멘토로 개발 육성하려는 것이다.

이제부터 멘토 개발이라는 것이 개인과 조직의 입장에서 각각 어떤 의미를 지니며 바람직한 멘토상은 무엇인지에 대하여 알아보도록 하겠다.

아울러 멘토에게 동기부여를 통하여 자생력을 뒷받침할 수 있는 요소도 함께 다루기로 하겠다.

1) 멘토 개발의 의미

멘토 개발은 인재 개발에 초점을 두고 있다. 사전적인 의미에서 개발(Development)이란 일반적으로 사물이나 사람의 진보적인 변화를 통한 발전과 성장을 촉진하는 활동을 의미하는데, 특히 사람의 창의성과 자발성을 자극하고 자주적인 태도와 습관을 배양함을 말한다.

멘토 개발은 개인의 입장과 조직의 입장 모두에서 그 의미를 살펴볼 수 있다. 개인의 입장에서 개발이란 단기적으로는 개인 자신이 담당한 직무에 대한 태도 즉 일에 대한 만족감이나 긍정적인 태도를 갖는 것을 말하며, 장기적으로는 개인 스스로의 자기 비전을 실현하는 것 즉 개인 인격지수를 높이는 것을 의미한다. 그리고 조직의 입장에서 개발이란 단기적으로는 조직의 성과에 기여할 수 있도록 개인의 능력과 자질을 향상시키고 성과를 제고하려는 것이며, 장기적으로는 조직 비전 즉 생산성과에 관한 향상력을 높이는 것이다.

이런 점에서 볼 때 **멘토 개발은 개인과 조직 사이의 적합성 (person-organization fit)을 높여 개인목표와 조직목표가 합치될 수 있도록 하는 활동**이라고 할 수 있다.

따라서 개인 수준에 초점을 두고 있는 멘토 개발이란 조직에서의 개인, 즉 인적자원을 대상으로 개인이 자신은 물론 조직에서 바라는 바람직한 리더(Leader)로 성장할 수 있도록 개인과 조직 모두가 노력하는 활동이라고 정의할 수 있다.

이처럼 멘토 개발이 인재 개발에 초점을 두는 이유는 조직이 활동할 수 있는 자원은 여러 가지가 있겠으나 그중 인적자원을 조직의 근본적이고 가장 중요한 자원으로 전제하고 멘토 개발에서 멘토를 어떻게 개발하고 활용하는가? 하는 문제를 멘토 개발의 성공 여부를 좌우하는 관건으로 여기기 때문이다.

따라서 멘토 개발이란 조직구성원에게 조직이 요구하는 가치개발을 할 수 있도록 조직이 지원함은 물론 개인 스스로가 노력함을 포함한다. 멘토 개발은 사람을 돈이나 물자처럼 취급하여 일방적으로 조직이 바라는 대로 변환시키고자 하는 것이 아니라 개인의 욕구, 개인의 인생설계, 개인의 가치관, 개인의 존엄을 존중하면서 동시에 조직이 추구하는 목표를 일치시키고자 하는 데에 초점을 두고 있는 것이다.

이러한 멘토 개발의 의미는 이른바 인적자원 포트폴리오를 통해 더욱 분명하게 이해할 수 있다. 인적자원 포트폴리오 관리도(human portfolio management grid＝BCG 컨설팅 제공자료)에서 볼 수 있는 바와 같이 조직에서 능력이나 업적이 모두 낙후되어 있는 결격사원 (deadwood), 능력은 있되 낮은 성과를 보이는 문제사원(problem employee), 능력은 낮을지라도 성과가 높은 잠재사원(work horses) 들이 있게 마련이다.

특히 잠재사원과 문제사원은 기업에서 대다수 인력을 차지한다. 멘토 개발이 이러한 구성원들을 능력 면에서나 업적(성과) 면에서 뛰어난 스타(star)와 같은 우수사원 멘토로 양성하려는 것이다.

멘토 개발은 조직구성원들 중 유능직원은 더욱 유능한 직원이 될 수 있도록 능력개발과 업적향상의 기회를 부여하고 지원하려는 것이며, 특히 조직구성원의 대다수를 차지하고 있는 문제사원이나 잠재사원이 유능한 멘토 리더로 성장하도록 조직의 지원과 개인의 노력을 촉구하는 데에 그 특징이 있다.

결격사원에 대해서는 해고시킨다는 식의 단순한 발상을 하는 것이 아니라 이들을 개발과 육성의 대상으로 인식하고 유능한 멘토가 될 수 있도록 성장의 기회를 제공하고 스스로 노력을 기울이도록 지원하는 것이다.

멘토제도는 현재의 유능한 인재만을 아끼고 존중한다는 의미에서가 아니라 능력과 업적이 부족한 사람을 멘제로 하여 더욱 발전적인 방향으로 이끌고 지원한다는 점에서 그 의미가 있는 것이다.

이처럼 멘토제에서 인재 개발을 촉진하고자 하는 것은 인간잠재력

(human capabilities)과 그 중요성에 대한 믿음을 기초로 하기 때문이다. 결국 멘토링은 멘토로 하여금 멘제의 잠재능력을 키우면서 그 능력을 발휘할 수 있는 기회를 공정하게 제공함으로써 조직의 성장과 발전을 추구하는 개발 지향적 조직목표를 달성하고자 하는 것이다.

2) 멘토 개발의 필요성

향후 조직이 지속적으로 성장 발전하기 위해서 조직은 구성원 개개인으로 하여금 업무수행 기량의 향상을 통해 직무를 성공적으로 수행하여 경영성과의 향상을 가져오도록 지원하고, 개인은 자신의 미래를 대처하고 책임질 수 있는 리더로 키울 수 있는 경영활동을 스스로 수행하여야 한다. 여기에서 **멘토 개발은 다음과 같은 필요성을 가지고 있다.**

첫째, 멘토 개발은 조직구성원들 간에 그리고 개인과 조직 간에 상호 신뢰의 풍토를 정착시킬 수 있다. 사람을 개발하고 육성한다는 것은 조직구성원들이 상호유기적인 업무협조 체제를 가질 수 있도록 만든다는 의미다. 또한 개발을 통해 조직은 개인들이 자신의 업무를 성공적으로 수행할 수 있으리라는 믿음을 기초로 업무를 맡길 수 있게 되고, 이를 통해 개인과 조직은 상호 신뢰를 할 수 있게 되는 것이다.

둘째, 멘토 개발은 개인과 조직목표를 합치시킬 수 있다. 개인은 자기개발을 통해 조직에서 바라는 인재가 됨으로써 자기성장욕구를 충족시키고, 조직과 사회에 공헌할 수 있기를 바라며, 조직 역시 훌륭한 인재의 확보와 육성을 통해 조직의 성장발전을 이루고자 한다.

인재 개발을 통해 개인의 성장과 발전을 촉진함으로써 조직의 성과를 높일 수 있다.

셋째, 멘토 개발은 조직과 자기 업무에 대한 호의적인 태도를 갖고 바람직한 행동을 하는 멘토를 양성하는 것이다. 즉, 멘토 개발은 개인이 일에 대한 건전한 가치관 및 행동방식을 갖도록 하고 이것을 조직구성원들 간에 공유되도록 한다. 그 결과 조직구성원들은 자기 조직에 대한 강한 소속감과 자부심 및 높은 업무의욕을 가지고 상호 협동하여 일을 열심히 할 것이다. 또한 신입원이 조직 문화적 가치관 및 행동방식에 적응하여 조직의 일원으로 정착되도록 함으로써 개인과 조직 간에 상호 적합성을 제고시킨다.

넷째, 멘토 개발은 구성원의 개인역량을 배양함으로써 타 조직이 모방할 수 없는 기업의 내부적 핵심역량을 개발하는 활동이다. 기업 경쟁력의 원천은 물질적 경제적 차원과 정신적 사회적 차원으로 나눌 수 있는데, 사회적 차원에서의 여러 가지 원천 중에서 가장 중요한 것이 사람이라고 할 수 있다. 사회적 차원의 경쟁우위의 요소는 사회적 자원(social resources)이라고 하는데, 여기에는 조직문화라든가 인적자원 관리 관행 등 사람과 불가분의 관계에 있는 것들이 포함된다. 이러한 사회적 자원은 가치성, 희귀성, 모방 불가능성, 대체 가능성의 부재라는 점에서 한 **조직 고유의 역량이며 인재경쟁력**인 것이다.

이처럼 멘토 개발은 조직의 인재경쟁력 제고의 출발점이 된다. 최근 조직 간 경쟁이 격화되고 주로 소프트한 측면들이 경쟁우위의 요소가 되고 있는 상황에서 '인재의 차이'가 그대로 '조직의 차이', '성과의 차이'로 나타나고 있기 때문에 조직이 성공하기 위해서는 그

어느 때보다도 우수한 **멘토 개발의 필요성**이 절실히 요청되고 있는 것이다.

3) 바람직한 멘토 개발 기준

멘토를 구체적인 바람직한 리더로 개발하는 데 5가지 기준을 설정하고 그에 따라 개발하는 방법을 다루도록 하겠다. 멘토들이 시간을 어디에 써야 할지를 궁금해 할 수도 있다. 그러므로 회사의 핵심그룹 속에 다음 다섯 가지 형태의 멘토들을 확보할 수 있도록 노력하여야 한다. 이 다섯 가지 형태의 멘토는 회사에 놀라운 가치를 부여해 줄 것이다.

(1) 잠재력의 가치 - 자신의 능력을 개발하는 멘토

모든 멘토들이 가져야 하는 첫 번째 능력은 자기 자신을 지도하고 동기부여를 주는 능력이다. 이런 잠재력을 가진 멘토를 보기 위해 눈을 크게 떠야 한다.

(2) 긍정의 가치 - 조직의 사기를 진작하는 멘토

회사에서 화합을 주도하는 자(Peace Maker)로서 다른 사람을 세워주고 조직의 사기를 높여주는 사람, 즉 이러한 멘토는 무한한 가치가 있는 사람이다. 그들은 핵심그룹에 속할 수 있는 훌륭한 자산을 가진 사람들이다.

(3) 인격의 가치 - 멘제를 세워주는 멘토

어느 사람이 나에게 이렇게 말했다. "맨 위에 있는 사람은 외롭다.

그러므로 당신이 왜 거기에 있어야 하는지를 잘 아는 것이 좋다." 멘토는 무거운 짐을 지고 가는 사람이라는 것은 사실이다. 사실 앞에서 일할 때, 멘토는 사람들의 손쉬운 표적이 될 수 있다. 그러나 홀로 그 짐을 지려고 해서는 안 된다. 그래서 우리는 이렇게 말할 수 있다. "맨 앞에 있는 사람은 외롭습니다. 그러므로 다른 사람과 그 일을 함께하시오."

멘제를 세워주는 사람보다 더 좋은 사람이 어디에 있겠는가? 그 사람이 예스맨으로서가 아니라 동역자요 든든한 후원자일 때 말이다. 멘제를 향상시켜 줄 수 있는 핵심 인물인 멘토로 그룹을 형성할 수 있도록 노력하자.

(4) 생산의 가치 – 다른 사람을 세워주는 멘토
다른 사람을 세워주는 능력을 가진 멘토는 당신의 핵심그룹에서 대단히 중요한 인물들이다. 이러한 멘토에게 핵심역량은 바로 멘토 리더십으로 무장하는 것임을 알아야 한다.

(5) 인정의 가치 – 다른 사람들을 세워주는 리더를 기르는 멘토
어느 것보다도 소중히 여겨야 할 가치는 다른 리더들을 길러주는 리더 즉 멘토의 가치이다. 이 가치는 다양한 리더십을 발생시킨다.

4) 멘토 자질(Quality) 개발
그러면 누가 멘토가 될 수 있는가? 멘토의 자질은 무엇인가에 대해 알아보기로 하자. 멘토는 누구나 될 수 있지만 아무나 될 수는 없다. 거기에는 몇 가지 자질이 요구된다.

(1) 멘제의 인격을 존중하는 사람(Personal Respect)

멘토는 멘제를 하나의 진정한 인격으로 대하는 사람이다. 상대방을 자신의 목적을 위해 이용하려는 사람, 즉 정치적인 의도가 다분한 사람은 멘토의 자격이 없다. 20세기의 위대한 사상가 마틴 부버는 이것을 지적하여, 상대방을 수단으로 보는 것은 '나와 그것(I-It)'의 관계라고 말한다. 그러나 멘토는 상대방을 자신과 동등하게 존중받아야 할 인격체로 이해하며, 가면을 벗고, 상대방을 조정하려는 자세를 버린다. 이러한 때 진정한 관계가 성립되고, 부버가 강조하는 '나와 너(I-Thou)'의 관계로 발전된다.

- 지(知)적 서비스 제공-지식, 기술, 정보
- 정(情)적 서비스 제공-포용력, 봉사헌신력, 정서력
- 의(意)적 서비스 제공-선 / 악, 상 / 벌, 진리 / 허위의 판단력

(2) 멘제에게 긍정적인 사람(Peace Maker)

멘토는 평소의 삶이 긍정적 자세인 사람이며, 마음이 열린 사람이다. 멘토는 마치 부모나 가족과 같아서 자신의 멘제에게 일관된 관심을 줄 수 있어야 하는데, 삶을 보는 시각이 부정적이거나 마음이 닫힌 사람은 멘토로서는 자격이 결여된다.

- 입(口)의 서비스 험담보다는 칭찬을 해준다.
- 눈(眼)의 서비스 흠보다는 장점을 발견한다.
- 귀(耳)의 서비스 부정적인 말보다는 긍정적인 말을 듣는다.

(3) 멘제의 특성과 잠재력을 볼 줄 아는 사람(Potential Power)

멘토는 멘제가 지닌 적성을 볼 수 있는 사람이다. 멘토는 보통 멘

제보다 세상경험이 많은 사람이다. 그 분야에서 이미 시행착오를 겪은 사람이다. 그리고 상대방의 장점을 극대화시키며, 상대방의 단점을 극소화시킬 수 있는 안목이 있다.

- Lynchpin Game 활용 - 멘제의 성격의 가치를 개발해 주고
- Star Game 활용 - 멘제의 인격가치를 개발해 주고
- Brain Game 활용 - 멘제의 창의력을 개발해 준다.

(4) 멘제와 의사소통이 능한 사람(Communication)

멘토는 의사소통에 능한 사람이다. 같은 말을 해도 상대방에게 부정적인 표현 등을 통해 부담을 주는 것이 아니라, 힘과 용기를 줄 사람이다. 그리고 중요한 것은 상대방의 견해를 소화하는 열린 귀가 있는 사람이다.

(5) 조직에 대한 올바른 가치관(The View of Value)을 가져야 한다.

먼저 멘토는 자신이 회사의 배려로 오늘과 같은 가치 있는 구성원으로 업그레이드되었음을 인정하고 이러한 조직에 대한 올바른 가치관을 가지고 멘제에게 자신이 소유한 정보, 지식, 업무 등 즉 가치를 제공할 경우, 멘제는 멘토에게 좀 더 호의적으로 다가올 수 있다. 회사가 멘토인 나를 키워주었으므로 나는 대신 멘제를 키운다.

(6) 핵심역량(Competency)과 업무의 다양한 전문성을 갖춰야 한다.

멘토는 개인의 노력이나 회사의 지원을 통하여 소유한 역량(Competency)과 다양한 전문지식을 멘토링 활동에서 멘제와의 자율학습 향상, 업무 조기 숙달, 경력개발, 지식경영 등에 최선을 다하여

발휘함으로써 멘토링 목표를 성공적으로 달성하는 데 기여할 수 있다.

예시: 멘토란?

멘토란? 멘제가 지식이 필요할 때 머리를 내주고

멘토란? 멘제에게 위로가 필요할 때 어깨를 내주고

멘토란? 멘제에게 훈계가 필요할 때 엉덩이를 한 대 차줄 수 있는 그런 사람이다.

* 멘토 자질개발 Skill 25

아래 멘토의 자질 테스트는 특히 업무나 지식보다는 성격이나 인격적인 항목에 많은 비중을 두었다. 자기채점 방식이므로 상대를 의식할 필요는 없다.

측정 척도

0점 = 전혀 1 = 드물게 2 = 간혹 3 = 대부분 4 = 언제나

NO	설문도구	4	3	2	1	0
1	사람들에게 영향력을 가지고 있다.					
2	자기 절제를 할 줄 안다.					
3	경력이 화려하다.					
4	대인관계가 뛰어나다.					
5	문제해결 능력이 있다.					
6	현재 상태에 자족하지 않는다.					
7	전체적인 틀을 본다.					
8	스트레스 관리를 잘한다.					
9	성격이 적극적이다.					
10	다른 사람을 잘 이해한다.					
11	개인적인 문제를 일으키지 않는다.					
12	책임을 질 줄 안다.					
13	화를 내지 않는다.					
14	긍정적인 변화를 유도한다.					
15	진실하다.					
16	교양 생활이 모범적이다.					
17	다음에 무슨 일을 해야 할지를 잘 파악한다.					
18	다른 사람들에게 지도자로 인정받고 있다.					
19	계속 배우려는 열망과 능력이 있다.					
20	좋은 매너로 다른 사람을 끈다.					
21	건전한 자아상(Self-Image)을 갖고 있다.					
22	다른 사람을 섬기려는 의지가 있다.					
23	문제 대처 능력이 높다.					
24	다른 사람을 인재 개발하는 능력이 있다.					
25	진취적인 사람이다.					
	합 계 ( )					

* 평가결과 가이드

90~100점 탁월한 멘토(다른 지도자를 지도할 수 있다)
80~89점 좋은 멘토(계속 성장해야 하며 다른 사람들을 지도할 수 있다)
70~79점 성장하고 있는 멘토(개인 성장에 초점을 맞추면서 다른 사람을 지도할 수 있다)
60~69점 잠재력이 보이는 멘토(성장하기에 가장 좋은 상태다)
60점 미만 더 성장해야 할 멘토(다른 사람을 지도해야 할 준비가 아직 되지 않는 상태이다)
60점 미만의 사람들은 가장 평가하기 어렵다. 극소수의 사람만이 탁월한 멘토가 될 수 있다. 평가하는 멘토가 훌륭하면 훌륭할수록 멘토 후보들이 가지고 있는 멘토 자질을 더욱 잘 평가할 수 있다. 그러므로 성공을 경험한 멘토 후보들을 면접하고 선발하는 과정에 직접 참여하는 것이 중요하다.

5) 멘토 자기(Self Scored) 개발

멘토링 활동에서 성공률을 높이기 위한 필수적인 조건이 멘토의 자생력을 길러주는 것이다. 특히 전통적인 멘토링과는 달리 조직개발 멘토링에서는 멘토의 리더십을 제대로 개발해 주어야 멘토링 활동에 열정을 바칠 수 있는 것이다. 아래 내용과 같이 회사의 적극적인 지원이 필요한 것이다.

(1) 회사에서 지원과 배려사항

① 멘토는 회사 차원에서 사전에 멘토링에 관한 전문적인 교육을 수강해야 한다.
② 멘토는 회사 차원에서 멘토풀센터 등으로 제도적인 지원이 필요하다.
③ 멘토에게 회사에서 분명한 멘토링 활동 목표를 부여해야 한다.
④ 멘토에게 동기부여를 사전에 제시하여 열성을 유도해야 한다.

* 오늘날 왜? 멘토가 인기 있는 7가지 이유
1 멘토는 멘제가 삶의 전환기를 통해 성장하도록 돕는다.
2 멘토는 멘제의 기술을 증진시킨다.
3 멘토는 멘제가 소속한 팀을 세운다.
4 멘토는 멘제의 비전을 자극한다.
5 멘토는 멘제에게 사랑 안에서 진실을 말한다.
6 멘토는 멘제의 향상을 촉진한다.
7 교회멘토는 영적 여정 가운데 있는 크리스천 멘제를 인도한다.

(2) 멘토 자생력 개발을 위한 3대 의식

① 멘토의 소명의식 - 멘토는 회사 **CEO(Big Leader)**의 위임을 받아 멘제를 질적으로 인재 개발을 위한 작은 사장(**Small Leader**)으로 소명의식을 갖는다.

② 멘토의 사명의식 - 멘제를 전인격(知 情 意)적으로 서비스하는 데 사명의식을 갖는다.

③ 멘토의 창의의식 - 멘제와 활동기간 동안 성장목표를 달성하는 데 창의의식을 갖는다.

■ **기업 멘토 활동 자기진단표** - 기업 외 기타 조직은 설문도구 수정 사용함

멘토가 되는 것은 또 하나의 부름(Calling)이다. 이 소명에 충실하게 살려면 어떻게 해야 할까? 여기 훌륭한 멘토가 될 만한 몇 가지의 항목들이 있다. 월간이나 계간 등 주기적으로 점검한다.

---

* 멘토 자기진단 측정 척도
1점 = 거의 2점 = 드물게 3점 = 간혹 4점 = 대부분 5점 = 언제나
본 진단은 자기진단이므로 타인을 의식할 필요는 없다. 멘토 자신의 자생력을 개발하는 기준 자료이므로 멘토링 활동 중 정기적으로 진단하여 스스로 평가 자료로 활용한다.

구분	자기진단 설문 항목	평 가				
		5	4	3	2	1
소명의식	1. 멘제를 위하여 관심을 갖고 주 1회 메일을 전송한다.					
	2. 멘제와 함께 집회에 참석하면서 궁금해 하는 점을 설명해 준 적이 있다.					
	3. 멘제가 회사규정이나 사칙에 대해 가장 의문스러워하는 점이 무엇인지 알고 있다.					
	4. 종종 그와 함께 직장체험을 나눈다.					
	5. 내가 속해 있는 회사에 만족하며 다른 이에게도 권할 의향이 있다.					
	6. 회사의 구성원이 된 것에 감사하고 있으며, 멘토가 된 것도 나에게 주어진 사명이라고 생각한다.					
사명의식	7. 멘제와 함께 봉사활동을 할 의향이 있다.					
	8. 자신의 가족을 멘제에게 소개하고 식사를 함께한 적이 있다.					
	9. 그들이 회사에 나오기까지의 과정을 알고 있다.					
	10. 멘제의 애경사에 관심을 갖고 참석한다.					
	11. 멘제에게 힘겨운 일이 생겼을 때, 나는 그가 찾아올 수 있는 평안한 사람이라고 생각한다.					
	12. 멘제를 많이 두는 것보다, 한 사람일지라도 잘 돌보는 것이 더 중요하다고 생각한다.					
	13. 멘제가 관심을 보이는 사선단체나 봉사활동에 대해 조언을 해줄 수 있을 정도의 지식을 갖고 있다.					

구분	자기진단 설문 항목	평가				
		5	4	3	2	1
창조의식	14. 멘제가 최근에 했던 고민을 알고 있다.					
	15. 멘제의 가족의 이름을 알고 있다.					
	16. 멘제가 존경하는 성인에 대해 알고 있다.					
	17. 멘제에게 학회 출판 자료나 전문서적 구입을 권한다.					
	18. 멘제와 함께 수련회나 야외 행사에 참여했거나 계획 중이다.					
	19. 회사의 관심사에 대해 멘제와 토론하며, 이때 주장을 내세우기보다는 그의 의견을 경청하는 편이다.					
	20. 가끔 회사 밖으로 나가서 그들과 함께 유익한 문화생활을 한다.					
	계( )점					

6) 멘토 정서(Emotional) 개발

현대인 중에서 가장 취약한 부분이 정서적인 표현이다. 특히 젊은 층으로 멘토 / 멘제가 대부분 선정되기 때문에 합리적인 교육체제에서 길들여진 삶은 정서적인 면을 낭비로 착각하는 사람들이 많다. 그래서 멘토링 활동 중에서도 대부분 주제가 업무적인 면을 벗어나지 못하고 있는 실정이다.

이는 출발부터 멘토링의 잘못된 방향이다. 멘토링에서 제1순위는 멘토가 멘제에게 업무를 추진하는 상급자와 다른 정서적 지원이다. 아래 멘토에게 마음의 메시지에 관한 예시를 간추려 소개한다.

예시1 멘토의 에티켓 12

1) 멘제가 멘토링 관계를 주도하도록 할 것. 멘제의 아이디어, 주제 논의 등에 열린 마음을 가지고 대할 것. 멘제가 멘토를 관리하는 방법도 배우도록 도와줄 것

2) 멘제의 시간을 자신의 시간처럼 존중할 것

3) 멘토 자신의 요구와 한계를 분명히 밝힐 것(예: 시간제약, 상호작용 스타일 등)

4) 제안해도 좋은지, 비평해도 좋은지를 항상 물어볼 것

5) 멘제에게 멘토의 제안을 모두 실행할 것을 기대하지는 않는다고 말해줄 것

6) 멘제가 자신의 목표(멘토의 목표가 아닌)를 향해 움직이도록 할 것

7) 멘제가 직접적으로 준 도움과 그 밖에 취한 조치에 대하여 감사를 표현할 것

8) 갈등이 있을 때 이를 인정하고 해결할 것. 멘제에게 토론 시 다른 의견을 제시해도 좋다고 이야기해 줄 것. 필요하면 제3자의 지원을 요청할 것

9) 멘토 / 멘제 관계를 인간적인 관계로 유지할 것

10) 다른 사람에게 멘제 얘기를 할 때는 긍정적이고 중립적인 코멘트만을 할 것. 멘제의 행동이나 가치관에 대해 이견이 있다면, 멘제에게 직접 당신의 견해를 밝히고 의논할 것. 그래도 멘제가 바뀌지 않으면, 관계종결의 단계를 밟고, 다른 멘토를 찾아 주도록 할 것

11) 12개월이 지나면 관계(적어도 멘토 / 멘제 측면)를 끝낼 준비를

할 것(상호 합의한 경우 그 전에 관계를 종료시킬 수 있음? 공식적인 기간만을 의미함)

12) 나중에 다시 멘제가 나를 찾아올 수 있도록 문호를 개방할 것

예시2 멘제가 지켜야 할 13가지 에티켓

1) 자신의 목표를 분명하게 설정할 것

2) 멘토의 시간을 배려할 것. 전화통화와 이메일은 제때에 신속하게 응답할 것. 멘토로 하여금 추가의 시간 또는 활동을 제시하도록 할 것

3) 멘토가 말하고자 하는 모든 내용을 주의 깊게 경청할 것. 관련 없는 내용이라고 생각되는 것들도 장래에 쓸모 있을 때를 대비하여 우선 끝까지 듣고 기억 속에 저장해 놓을 것

4) 코멘트나 설명을 할 때 간결하면서도 완전한 내용을 말할 것. 내가 말이 많지 않은지 직접 물어볼 것

5) 자신이 받은 모든 충고를 진지하게 생각할 것

6) 멘토가 준 도움을 실제로 활용해 보았다는 증거를 보여줄 것. 심지어 자신이 다른 대안을 선택하더라도 멘토의 도움을 어떻게 활용했는지 멘토에게 설명해 줄 것

7) 멘토가 멘제에게 준 유형, 무형의 모든 지원에 감사할 것. 감사하다고 말하고, 다른 사람들 앞에서 칭찬하고, 감사편지를 보낼 것

8) 멘토가 편안한 마음으로 의도된 피드백을 주도록 할 것. 멘토링 관계 초기에 이런 피드백을 요구할 것

9) 멘토 / 멘제 관계는 인간적인 관계가 우선이라고 생각할 것

10) 다른 사람에게 멘토 얘기를 할 때는 긍정적이거나 중립적인 코

멘트만을 할 것. 멘토의 행동이나 가치관에 이견이 있다면, 멘토에게 직접 자신의 견해를 밝히고 의논할 것. 그래도 멘토가 바꾸지 않으면 그것을 받아들이든지 아니면 다음 행동을 취할 것

11) 공식적인 멘토링의 경우, 약정기간이 지나면 관계를 끝낼 준비를 할 것. 상호 합의한 기간의 경우 이전에 종료 가능

12) 나중에라도 충고나 다른 도움을 청하기 위해 멘토에게 다시 찾아갈 수 있도록 관계를 유지할 것

13) 공식적으로는 헤어지게 되어도 개인 접촉을 유지할 것. 편지를 보내거나 때때로 전화를 걸어 진전사항을 알려주고 감사함을 표시할 것

예시3 멘제가 보는 이상적인 멘토

1) 멘제의 잠재력을 믿는 사람으로서 멘제를 바라보며 이렇게 말할 수 있는 사람이어야 한다.

"나는 이 친구가 무한한 잠재력을 가지고 있다고 생각합니다. 내가 이 친구에게 내 인생을 조금만 투자해도, 그는 정말 큰일을 해내리라고 확신합니다."라는 믿음을 가져야 한다.

2) 멘제에게 솔직한 피드백을 하는 사람 멘제의 단점까지 지적해주며 어떻게 해야 하는지 감추지 않고 얘기해 주는 사람으로 멘제가 깨달아야 할 필요가 있는 것들을 정확하게 알려준다.

3) 본받을 만한 귀감이 되는 사람 – 멘제에게 없는 점을 가지고 있는 사람으로 멘제가 배우고 싶은 마음이 들게 한다.

4) 공개적이고 솔직한 사람 – 멘제가 알지 못하는 멘토 나름대로의 고민과 실패 경험을 솔직하게 공개한다.

5) 깊은 유대관계가 있는 사람 - 멘제를 가족처럼 여기며 친밀감을 유지한다.

6) 가르치는 방법을 아는 사람 - 멘토가 그 일을 어떻게 했는지 이해하기 쉽게 가르쳐 준다.

7) 멘토의 꿈을 파악하고 그 꿈을 현실로 바꾸는 계획을 세울 수 있는 사람 - 멘제가 품은 꿈 가운데 어떤 것이 현실적이고 어떤 것이 비현실적인지 구별하도록 도와준다.

8) 멘제가 보기에 성공한 사람 - 멘토는 언젠가는 멘제가 도달하고 싶은 위치에 있는 사람이어야 한다.

9) 멘제를 가르치는 것은 물론이고 멘제에게 배울 자세가 되어 있는 사람 - 멘토링은 양방향으로 이루어지는 것이다. 멘제가 배울 자세가 되어 있다면 멘토 또한 배울 자세가 되어 있어야 하며, 그렇게 되면 멘제는 이렇게 생각할 것이다. '내 멘토는 나를 존중하고 있어, 나 역시 멘토를 존중해'

10) 멘토 자신의 일이 아닌 멘제의 일정을 우선적으로 배려할 수 있는 사람

예시4 좋은 멘토 VS 보통 멘토

1 '좋은 멘토'에게는 불굴의 용기가 보이지만 '그냥 멘토'는 불굴의 불만만 보입니다.

2 '좋은 멘토'에게서는 자기가 하는 일의 자부심이 보이지만 '그냥 멘토'에게서는 남들이 하는 일의 부러움만 보입니다.

3 '좋은 멘토'의 위기는 좋은 배움의 기회지만 '그냥 멘토'의 위기는 위험의 순간일 뿐입니다.

4 '좋은 멘토'는 걸림돌을 디딤돌로 사용하지만 '그냥 멘토'는 걸림돌을 피해 달아납니다.

5 '좋은 멘토'는 당당하되 겸손하지만 '그냥 멘토'는 비굴하되 거만합니다.

6 '좋은 멘토'는 자기주장은 하되 고집스럽지는 않지만 '그냥 멘토'는 자기주장도 없고 신념도 없습니다.

7 '좋은 멘토'는 논리적 비판은 하되 감성적 성토는 하지 않지만 '그냥 멘토'는 논리적 비판도 없이 감정적 대응만 합니다.

8 '좋은 멘토'는 섬세하되 소심하지는 않지만 '그냥 멘토'는 대강대강 건너뜁니다.

9 '좋은 멘토'는 약속시간을 칼같이 지키되 늦은 멘제를 비난하지 않지만 '그냥 멘토'는 자기도 함께 늦고 해명도 안 합니다.

10 '좋은 멘토'는 멘제의 잠재역량을 잘 파악하여 발휘토록 해주지만 '그냥 멘토'는 인기에만 급급하고 놀기에만 열중입니다

11 '좋은 멘토'는 멘제에게 꼭 필요한 말을 해주지만 '그냥 멘토'는 멘제가 듣기 좋아하는 말만 골라 합니다.

12 '좋은 멘토'는 멘제에게 멘토링 활동의 비전을 보여주지만 '그냥 멘토'에게서는 오늘 한순간의 즐거움만이 보입니다.

13 '좋은 멘토'는 정보와 아이디어를 모두 공유하지만 '그냥 멘토'는 정보도 아이디어도 없습니다.

14 '좋은 멘토'의 목표는 성취 목표량과 달성 기한이 있지만 '그냥 멘토'는 그저 열심히만 하자고 말합니다.

15 '좋은 멘토'는 멘제의 감정에 어울리는 상황을 만들어 가지만 '그냥 멘토'는 감정을 고려치 않고 상황을 만듭니다.

16 '좋은 멘토'는 시도하되 반드시 성과물을 내지만 '그냥 멘토'는 시
도만 하고 결과물은 없습니다.

17 '좋은 멘토'는 타인의 힘을 지렛대로 상호 이익의 성과를 내지만
'그냥 멘토'는 자신의 힘으로만 성공하려 합니다.

18 '좋은 멘토'는 경청하되 꼭 필요한 피드백을 주지만 '그냥 멘토'는
건성으로 듣고 지나칩니다.

19 '좋은 멘토'는 약속사항을 반드시 지키되 자랑하지 않지만 '그냥
멘토'는 못 지킨 약속사항을 남의 탓으로만 돌립니다.

20 '좋은 멘토'는 멘제의 개성을 발휘토록 기회 마련을 해주지만 '그
냥 멘토'는 실패하지 않도록 주의만 많이 줍니다.

예시5 멘토 마음의 그릇

= =(^_____^)= =

멘토는 멘제의 단점을 찾으려는 교정자가 되어서는 안 됩니다.

멘제의 단점을 찾으려는 멘토는 누구를 대하든 나쁘게만 보려 합
니다.

그래서 자신도 그런 나쁜 면을 갖게 됩니다.

멘제의 나쁜 면만 말하는 멘토는 언젠가 자신도 그 나쁘다는 말
을 듣게 됩니다.

멘토는 멘제의 좋은 면, 아름다운 면을 보려 해야 합니다.

멘제의 진가를 찾으려 애써야 합니다.

그 아름다운 사랑을 보면 감동하여 눈물을 흘리고 싶을 만큼의
맑은 마음을 가져야 합니다.

멘제의 좋은 점만 찾다 보면 자신도 언젠가 좋은 점을 말하면 언젠가 자신도 좋은 말을 듣게 됩니다.

참 맑고 좋은 생각을 가지고 멘토링의 날들을 수놓았으면 좋겠습니다.

마음이 아름다운 멘제를 보면 코끝이 찡해지는 감격을 가질 수 있는 티 없이 맑은 마음을 가졌으면 좋겠습니다.

어떤 멘제를 만나든 그의 장점을 보려는 순수한 마음을 가지고 멘제를 많이 칭찬할 수 있는 넉넉한 마음을 가졌으면 좋겠습니다.

멘토링을 할 때마다 좋은 말을 하고, 그 말에 진실만 담는 예쁜 마음 그릇이 멘토 자신의 그릇이었으면 좋겠습니다.

＝＝(^＿＿＿＿＿^)＝＝

멘토는 마음의 그릇을 크게 가져야 합니다. 그리고 그 그릇은 구멍이 나 있지 않아야 합니다. 만약 구멍이 났다면 때워야 합니다. 그렇다고 그 그릇이 비싼 그릇이어야 하지는 않습니다. 그렇지만 너무 더러워서 냄새가 나면 안 됩니다. 비싸지 않아도 깨끗하고 넓은 그릇이면 됩니다.

플라톤은 행복의 조건으로 다섯 가지를 듭니다.

첫째, 먹고 입고 살고 싶은 수준에서 조금 부족한 듯한 재산

둘째, 모든 사람이 칭찬하기에 약간 부족한 용모

셋째, 사람들이 자신이 자만하고 있는 것에서 절반 정도까지 알아주지 않는 명예

넷째, 겨루어서 한 사람에게 이기고 두 사람에게 질 정도의 체력

다섯째, 연설을 듣고서 청중의 절반은 손뼉을 치지 않는 말솜씨가 그것입니다.

그가 생각하는 행복의 조건들은 완벽하고 만족할 만한 상태에 있는 것들이 아닙니다. 조금은 부족하고 모자란 상태입니다.

재산이든 외모든 명예든 모자람이 없는 완벽한 상태에 있으면 바로 그것 때문에 근심과 불안과 긴장과 불행이 교차하는 생활을 하게 될 것입니다.

모자란 가운데 그 부족한 부분을 채우기 위해 노력하는 나날의 삶 속에 행복이 있다고 플라톤은 생각했습니다.

멘토의 역량과 자세 역시 마찬가지입니다. 약간 부족한 역량이지만 존경스러운 자기개발의 열정이 엿보이고 완벽하지는 못한 성품이지만 올바르게 살아가려는 의지가 엿보이는 그런 멘토면 완벽한 멘토인 것입니다.

당신은 아름다운 멘토이십니까?

예시6 멘토의 10가지 마음에 담는 메시지

첫 번째 메시지

누구나 다 멘토가 될 수 있고 성공자가 될 수 있다.

그런데도 성공자가 되는 사람은 별로 없다.

그것은 성공자만 되려 하고 멘토는 되려 하지 않기 때문이다.

두 번째 메시지

마라톤을 시작할 때에 불필요한 옷을 벗어 던지듯

멘토링을 시작할 때는 온갖 잡념을 벗어 던져야 한다.

세 번째 메시지
성공의 모습은 준비하는 사람의 눈에만 보이고,
실패의 모습은 미루는 사람의 눈에만 보인다.

네 번째 메시지
내가 상대방한테 베푸는 것은 언젠가 내게 다시 돌아온다.
그러나 내가 상대방한테 던져버리는 것은 내게 다시 돌아오지 않는다.

다섯 번째 메시지
멘토의 사랑이 클수록 멘제의 갈증은 적어지고,
멘제의 사랑이 클수록 멘토의 고민은 작아진다.

여섯 번째 메시지
멘제를 올바른 쪽으로 이끄는 멘토는 사다리와 같다.
자신의 두 발은 땅에 있지만 머리는 벌써 높은 하늘에 있다.

일곱 번째 메시지
느낌 없는 대화 하나 마나, 깨달음 없는 교육 받으나 마나.
진실 없는 멘토링 하나 마나, 자기희생 없는 사랑 하나 마나.

여덟 번째 메시지

욕망이 원래부터 없는 이는 바보이고, 가진 욕망을 버리는 이는 성인이다.

비뚤어진 욕망을 바로잡는 이는 똑똑한 사람이고,

비뚤어진 욕망을 그대로 간직하고 있는 이는 어리석은 사람이다.

아홉 번째 메시지

멘토는 멘제의 용기를 기억하되 실수는 기억하지 않고

멘제는 멘토의 넓은 가슴은 기억하되 좁은 시야는 기억하지 말아야 한다.

열 번째 메시지

두 멘토가 죽어서 저승에 갔다.

한 멘토는 멘제의 자신감을 훔쳐 지옥엘 갔고,

한 멘토는 멘제의 두려움을 훔쳐 천당에 갔다.

7) 멘토(Mentor) 활동수칙 20

(1) 한 번에 한 사람의 파트너와만 만나라. - 대량의 생산은 사람의 개발에 적용되지 않는다.

(2) 개인적인 내용은 비밀을 유지하라. - 이것에 실패한 멘토는 사람과 신용을 모두 잃는다.

(3) 겸손한 마음으로 나는 돕는 역할을 할 뿐임을 알라. - 자기를 주입하려 하지 말고 도우라. 그래야 상처가 없다.

(4) 멘토 자신이 계속 훈련을 받으며 자라가라. - 멘제는 우리의 자

라는 모습을 통해 더 격려를 받는다.

(5) 말보다는 삶으로 본을 보이라. - 멘제는 말보다 멘토의 삶을 통해 변화한다.

(6) 상대방에 대한 진지한 사랑과 관심을 가지라. - 멘토링의 기술보다는 사람이 더 중요하다.

(7) 먼저 들어주고 자세히 관찰하라. - 잘 들을 때 멘제의 필요를 빨리 발견할 수 있다.

(8) 시간과 약속을 잘 지키라. - 약속을 지킬 때 서로의 신뢰가 쌓인다.

(9) 언어 사용에 주의하고 예의를 지키라. - 언어 사용은 멘토의 인격을 나타내줄 때가 많다.

(10) 물질과 시간을 투자하고 멘토링 활동에 최우선순위를 두라. - 투자하는 만큼 열매를 맺는다.

(11) 멘토의 모든 활동은 모니터의 지도와 관찰을 받으라. - 멘토 자신의 멘토가 모니터임을 기억하라.

(12) 함께 목표를 설정하라. - 목표가 없으면 두 사람의 만남이 방향을 잃기 쉽다.

(13) 어떤 내용을 가지고 교제할지에 대해 정하라. - 미리 알 때 기대감이 생기고 준비가 된다.

(14) 정규적인 만남을 가져라. - 정규적인 만남이 두 사람의 목표를 이룸에 크게 작용한다.

(15) 기간을 정하고 시작하라. - 일정한 기간이 정해질 때 지루함이 방지되며 계획 설정에 도움이 된다.

(16) 문제해결에 있어 성인이나 위인들의 말을 인용하라. - 성인들의

말을 인용할 때 멘제의 이해의 폭을 넓힌다.

(17) 외적인 요소로만 사람을 판단하지 말라. ─ 외형이나 신분에 집착하는 것은 멘토링 활동의 실패원인이다.

(18) 적극적인 자세를 가지라. ─ 소극적인 멘토는 멘제의 열심을 끌어내지 못한다.

(19) 2, 3개월에 한 번씩 두 사람의 관계를 평가하라. ─ 정기적인 평가는 방향 설정을 재정립해 준다.

(20) 멘토링 활동은 가능하면 동성끼리 하라. ─ 서로에게 이성을 느끼는 사이라면 피하는 것이 좋다.

8) 멘토의 6가지 유익

이제 멘토가 됨으로써 얻는 유익이 어떤 건지 살펴보기로 하자. 이러한 유익 중 대부분은 무형의 것이다. 그렇다고 해서 이것들의 가치가 떨어지는 것은 전혀 아니다. 스승이 됨으로써 다음과 같은 여섯 가지 유익을 얻을 수 있다. ① 다른 사람과의 긴밀한 관계, ② 자신이 새로워짐, ③ 자기성취감, ④ 강화된 자부심, ⑤ 당신의 삶을 통해 타인에게 영향을 끼침, ⑥ 길이 남길 자신의 유산을 남기기이다.

(1) 다른 사람과의 긴밀하고 인격적인 관계

다른 사람들과의 긴밀하고 인격적인 관계를 맺을 수 있다. 통제가 아니고 발전을 위한 관계일 때는 어떠한 관계의 멘토링에서도 우정과 친밀감을 느낄 수 있다.

(2) 자신이 새로워짐

멘토링 관계는 멘제의 성장을 돕는 과정에서 멘토 자신도 성장함으로써 자신이 새로워질 수 있다.

(3) 자기성취감

사람들을 발전(성장)시키는 멘토링은 가장 큰 자기성취감을 맛볼 수 있다.

(4) 강화된 자부심

자신을 믿고 따르며 도움을 요청하는 멘제가 있다는 사실로 멘토는 두려움도 느끼지만 그보다는 더욱 신이 나서 적극적이며 강한 자부심을 느낄 수 있다.

(5) 당신의 삶을 변화시켰다는 확신!

멘토십(Mentorship)을 통하여 자신의 삶이 변화된 것을 느끼며 자신의 삶에 대한 확신을 가지게 된다.

(6) 길이 남을 자기유산 남기기

멘제를 자신보다 더 훌륭한 사람으로 만들어가면서 그가 가진 지혜를 다음 세대에게 영구히 유산으로 남길 수 있다.

9) 멘토십 효과

한 사람의 멘토가 다른 사람에게 미칠 수 있는 영향력은 우리의 상상을 초월한다. 한 사람의 멘토가 가능성과 잠재력을 가진 멘제를 발견하고 제대로 멘토링를 한다면, 그 멘제가 다른 사람의 멘토가 되고 그 순기능의 사이클이 이어져 개인의 삶이 달라지는 변화가 일어나게 된다. 즉 멘제가 멘토라는 리더로 역할이 바뀔 때 아래와 같은 삶의 혁신적인 변화를 체험하게 된다. 이러한 상황을 멘토십의 5가지 기대 효과라고 한다.

'개인의 삶 변화 기대효과'   '조직의 인재경쟁력 기대효과'

1 이기주의~이타주의 ……………………………………**사랑의 공동체**

멘제인 남의 마음까지 포용할 수 있는 여유가 생기고 조직은 사랑의 공동체 구축에 접근한다.

2 개인중심~조직중심 ………………………………………**애사심 발휘**

멘제인 조직구성원과 협력할 수 있는 여유가 생기고 이로 인해 자연스럽게 애사심이 발휘된다.

3 지적교육~전인개발………………………………………**지식경영 조성**

지적 업무뿐 아니라 가지고 있는 모든 전인적인 삶이 학습 주제가 되고 조직은 지식경영의 기본 목표를 달성하게 된다.

4 조직가치~인간가치……………………………………**학습조직 구축**

사내 및 시장가치를 넘어 지성과 인성이 개발 주제가 되어 인간가치가 업그레이드되고 조직은 다양한 학습 조직의 분위기가 조성된다.

5 직장성공～인간성공··**인재경쟁력 확보**

　단세포적인 평범한 직장인에서 리더로서의 위치를 확보함으로써 인간성공에 가치관이 확립되고 평사원 의식에서 리더 의식으로 전환함으로써 조직의 인재 경쟁력 확보에 직접적인 원인을 제공하게 된다.

주제5. 멘제(Menger) 개발 방법

　우리는 멘토링의 목적에서 '한 사람인 멘토가 한 사람인 멘제를 개발하여 차세대 리더(Post Leader)로 세우는 일'이라고 했다.

　그 한 사람의 삶은 크고 작은 조직체에서 구성원으로서 역할을 감당하고 있으며 그러한 조직에 가보면 3종류의 사람으로 구분할 수 있다.

　조직의 가치창출에 기여한 플러스(＋＝꿀벌)적인 사람, 있으나 마나한 제로(0＝개미)인 사람, 손해를 끼치는 마이너스적인 사람(－＝거미)인 것이다. 플러스적인 사람은 그 조직의 자산이 되며 마이너스적인 사람은 부채가 된다. 왜냐하면 인건비를 지급해야 되기 때문에 부채 중에도 악성부채라고 볼 수 있다.

　멘토링은 조직과 사회 속에서 1：1 관계로 지적, 정적, 의적(영적) 서비스를 제공하여 개인목표와 조직의 목표를 동시에 달성하면서 인간성 위주의 공동체 구축을 목표로 한다.

　오늘날 많은 조직들이 자기들이 가진 잠재력을 다 발휘하지 못하고 있다. 왜 그런가? 직원들에게 월급, 즉 물적 대우만 주기 때문이다. 고용주와 고용인의 관계가 월급을 주고 월급을 받는 관계 이상으로 발전하지 못하는 것이다. 하지만 성공하는 조직은 접근방법을 달리한다. 성공하는 조직에서는 일하는 사람은 월급뿐만 아니라 일해주는 사람으로부터 양육도 받는다. 양육하는 일은 사람을 변화시키는 능력을 포함하고 있다.

지도자는 상대를 잘 판단할 줄 알아야 한다. "지식만 가르치지 말고 삶 자체를 훈련시켜라." 리더십 전문가 피터 드러커가 자주 했던 말이다. 다른 사람을 훈련시키는 것은 후보자의 상태가 어떤지, 어느 방향으로 나아가야 하는지, 목표를 달성하기 위해 무엇이 필요한지를 식별할 수 있는 능력을 전제로 이루어진다. 지도자를 훈련할 때는 훈련생과 훈련과정이 항상 서로 맞아떨어져야만 한다.

드러커가 말한 바와 같이, 사람은 꽃과 같다. 어떤 사람은 장미처럼 거름을 주어야 잘 자란다. 진달래처럼 거름을 주지 않아도 잘 자라는 사람도 있다. 꽃을 가꾸는 사람이 꽃을 제대로 돌보지 않으면 아름다운 꽃을 기대할 수 없다. Mentor는 Menger를 자세히 살피면서 누구에게 어떤 도움이 필요한지 잘 판단할 수 있어야만 한다.

당신이 영향을 줄 수 있는 사람들은 가능한 한 모두 지도하고 양육하도록 하여라. 그러나 전략적으로 하라. 즉 당신이 가진 80%의 시간을 주위에 장래가 촉망되는 20%의 멘제들에게 쏟으라. 지도하고 개발하기 위해 적절한 사람을 고르는 지침을 소개한다.

1) 멘제 개발 7원칙

원칙 1. 멘제(Menger) 개발은 시간이 소요된다.

앤드류 카네기는 한때 미국 최고의 거부였다. 그는 스코틀랜드 출신으로 소년 시절 미국으로 건너와 다양한 일에 종사하다가, 결국 미국 최대의 철강업체를 이룩하게 되었다. 백만장자가 참으로 귀했던 시대에 서른 세 명의 백만장자가 그를 위해 일한 적도 있었다. 당시 백만 달러는 오늘날로 따지면 최소한 이천만 달러는 되는 돈이다.

한 기자가 그에게 어떻게 서른 세 명이나 되는 백만장자를 고용할 수 있었는지 물었다. 카네기는 대답했다. "그들이 나를 위해 일을 시작할 때는 백만장자가 아니었다. 함께 일을 하다가 그들이 백만장자가 된 것이다."

그러자 그들을 개발하기 위해 어떻게 그렇게 많은 돈을 투자할 수 있었느냐고 기자가 물었고, 카네기는 이렇게 대답했다. "사람들을 개발하는 것은 금을 제련하는 방법과 같다."

원칙 2. 멘제(Menger)를 다루는 기술이 필요하다.

대기업 사장들에게 "지도자 위치에 있는 사원들에게 가장 필요한 특성이 무엇인가?" 하고 물으면, 대부분 **"사람들과 함께 일할 수 있는 능력"**이라고 대답한다.

그들은 다른 사람들에게 책임을 전가하기보다는 자신의 실수를 인정하고 그 결과를 받아들였다. 그들은 다양한 사람들과 함께 잘 지낼 수 있었다. 그들은 인간관계의 기술들과 다른 사람들에 대한 민감성, 그리고 재치를 가지고 있었다. 그들은 감정적이고 변덕스럽기보다는 침착하고 확신에 차 있었다.

원칙3. 멘제(Menger)가 따를 수 있는 모델이 되라.

세상에서 가장 중요한 동기부여의 원리는 사람들은 자기가 보는 대로 행한다는 것이다. Mentor의 속도가 Menger의 속도를 결정한다. 그리고 Menger는 결코 Mentor보다 멀리 갈 수 없다.

행 동	결 과
내가 어떤 것을 실행한다.	나는 모범이 된다.
내가 그것을 실행하고 당신은 내게서 배우고 있다.	나는 지도한다.
당신이 내게서 배운 그것을 실행하고 나는 당신과 함께 있다.	나는 감독한다.
당신이 배운 그것을 몸소 실행한다.	당신은 전진한다.
당신이 실행하고 다른 누군가가 당신에게서 배우고 있다.	우리는 배가 된다.

원칙 4. 멘제(Menger)의 눈을 주의 깊게 살펴라.

"우리는 무엇인가를 할 수 있다고 느끼는 것으로 자신을 평가한다. 반면에 다른 사람들은 우리가 이미 성취해 놓은 것으로 우리를 평가한다."-헨리 워즈워드 롱펠로우(Henry Wadsworth Longfellow)의 말이다.

사람들은 다들 어떤 현상이나 사물에 대한 나름대로의 견해와 그들 자신의 문제를 갖고 있다. 어떤 그룹의 사람들을 성공적으로 잘 다루는 Mentor는 바로 이 사실을 인정한다.

Menger의 문제는 가장 큰 것이고
Menger의 자녀는 가장 똑똑하고
Menger의 농담은 가장 재미있고
Menger의 잘못은 마땅히 그냥 넘어가야 한다.

원칙 5. 멘제(Menger) 개발에 먼저 관심을 가져라.

멘제에게 적절한 관심은 보여주지도 않으면서, 헌신을 요구하는 멘토를 우리는 가끔 본다. 텔레오메트릭스 인터내셔널(Teleometrics Internationl)은 높은 성과를 올리고 있는 사장들이 사원들에 대한 인식과 낮은 성과를 올리고 있는 사장들이 사원들에 대한 인식과 낮은 성과를 올리고 있는 사장들의 인식을 비교하여 연구했다. 그에 대한 결과가 『월스트리트 저널』에 실렸다.

16,000명의 사장들 가운데 '높은 성과를 거두었다'고 평가받은 13%의 사람들은, 이익뿐만 아니라 사람들에 대해서도 관심을 갖고 있었다. 성과 결과가 중간 정도 되는 사장들은 물건 제작에만 신경을 집중했고, 성과 결과가 저조한 사람들은 오로지 자신의 지위에만 관심이 있었다. 높은 성과를 거둔 사람들은 부하직원들을 낙관적으로 보았던 반면, 저조한 성과를 보인 사람들은 부하직원들의 능력을 기본적으로 불신하고 있었다.

높은 성과를 거둔 사람들은 부하직원들에게 충고를 구했던 반면, 낮은 성과를 거둔 사람들은 그렇지 않았다. 높은 성과를 올린 사람들은 경청하는가 하면, 중간 정도의 성과를 올린 사람들은 경청하되 오직 상사들의 말만 들었다. 반면에 낮은 성과를 올린 사람들은 대화를 피했고 오직 정책 지침서에만 의존했다.

원칙 6. 멘제(Menger)를 키워줄 기회를 찾아라.

스테일(J. C. Staehle)은 많은 연구를 분석한 결과, 일하는 사람들 사이에 존재하는 불안의 중요한 원인을 발견하게 되었다. 훌륭한 지도자들은 대부분 삼가고 있는 행동들이다. 그 중요성에 따라 다음과 같이 나열할 수 있다.

1. 멘제의 제안에 대해 신뢰를 주지 못함.
2. 멘제의 개인적인 문제를 해결해 주는 데 실패함.
3. 멘제를 격려하는 데 실패함.
4. 다른 사람들 앞에서 멘제를 비판함.
5. 멘제에게 그의 의견을 묻지 않음.
6. 멘제에게 그의 성장을 말해 주지 않음.
7. 특정인을 편애

주의: 위의 모든 항목들은 멘토가 멘제의 자존감(自尊感)을 떨어 뜨리는 예들이다.

원칙 7. 멘제(Menger) 개발은 조직의 경쟁력이다.

랄프 왈도 에머슨(Ralph Waldo Emerson)이 말했던 것처럼, "사람들 을 신뢰하라. 그러면 그들이 당신을 신뢰할 것이다. 그들을 위대한 사 람처럼 대하라. 그리하면 그들이 자신들의 위대함을 보여줄 것이다."

1. 자신에게 주어진 일보다 항상 더 적게 하는 사람들
2. 자신에게 주어진 일만 하는 사람들
3. 필요한 일들을 스스로 찾아서 하는 사람들
4. 자신은 물론 다른 사람들이 일을 하도록 고무시키는 사람들 당 신에게 모든 것이 달려 있다.

2) 멘제 성공조건

(1) 멘제의 자질

멘제의 일반적 경향은, 자기가 아무리 명석하고, 열성적이며, 밝은 미래와 감사할 줄 아는 태도를 지니고 있을지라도 멘토를 맨 처음 찾아가는 데 대한 두려움이 있다는 것이다. '왜 이분이 나를 보살펴 주고 도와주려는 것일까, 이분은 나를 거부하지 않을까, 나의 참모습을 알면 형편없는 실수투성이로 보지 않을까, 혹 나를 지배하려는 것은 아닌가……' 등에 대하여 많은 의심과 두려움을 갖게 된다. 따라서 멘토가 어떤 사람인지를 점검해 보면 이러한 현상이 없어지게 되는데, 밥빌(Bobb Biehl)의 멘제를 향한 메시지들을 정리하여 보면 다음과 같다.

1 당신에게 솔직한 사람
2 본받을 만한 귀감이 되는 사람
3 깊은 유대관계가 있는 사람
4 공개적이고 솔직한 사람
5 교사인 사람
6 당신의 잠재력을 믿는 사람
7 당신의 꿈을 파악하고 그 꿈을 현실로 바꾸는 계획을 세울 수 있는 사람
8 당신이 보기에 성공한 사람
9 당신을 가르치는 것은 물론이고 당신에게 배울 자세가 되어 있는 사람

10 자신의 일이 아닌 당신의 일정을 우선적으로 여기는 사람을 꼽고 있다.

계속해서 다음은 '멘토가 바라는 멘제'인데, 이를 반대로 해석하면 훌륭한 멘제의 조건으로 이해할 수 있을 것이다. 즉,

(2) 훌륭한 멘제

1 믿을 만한 사람

관계는 신뢰가 전제가 되어야 한다. 이러한 신뢰는 상대의 믿음으로부터 오기 때문에 믿을 만한 사람이 되어야 한다.

2 쉽게 좋아할 수 있고, 자연스럽게 시간을 함께 나눌 수 있는 사람

이해를 쉽게 하기 위해 한마디로 이성 간의 사랑을 말할 수 있다. 우리가 흔히 '서로가 사랑하라'라는 표현을 할 때 이성 간의 사랑을 예로 설명하면 쉽게 이해하듯이 '나는 이 사람과 또는 그분과 함께 있고 싶어 죽겠다'이다.

3 계속 도와주고 싶은 사람

늘 "감사합니다.", "고맙습니다." 하며 감사할 줄 아는 사람이다.

4 가족 같은 사람

사랑과 관심을 부어줄 만큼 친분관계를 가지며, 허물이 없어야 한다. 가족 같은 사람의 핵심은 이기심이 없이 서로 나누는 정일 것이다.

5 배울 자세가 되어 있는 사람

배우기 위해 노력해야 하며, 모르면 계속 질문하고 스스로 해결하려는 자세를 견지해야 한다. 모든 것을 멘토에게 의탁하면 안 된다. 멘토는 해결사가 아니라 지원자임을 알아야 한다.

6 멘토를 존경하고 사모하는 사람

멘토가 느끼기에 멘제가 자신을 존경하고 있다는 느낌을 받게 하라.

7 자기 동기화가 되어 있는 사람

솔선하여 멘토를 따르는 사람이 되어야 한다. 스스로 찾아가고, 성장하기를 원하며 부단히 자기계발을 해야 한다.

8 도움이 필요한 사람

스스로의 길을 개척할 수 있으며, 성공할 수 있다고 믿는 사람은 멘토링 관계를 맺을 수 없다. 자신의 부족함을 깨닫고 도움을 받아들일 준비를 항상 갖추고 있어야 한다.

3) 멘제(Menger)의 활동수칙

멘제의 일반적 경향은, 자기가 아무리 명석하고, 열성적이며, 밝은 미래와 감사할 줄 아는 태도를 지니고 있을지라도 멘토를 맨 처음 찾아가는 데 대한 두려움이 있다는 것이다. '왜 이분이 나를 보살펴 주고 도와주려는 것일까, 이분은 나를 거부하지 않을까, 나의 참모습을 알면 형편없는 실수투성이로 보지 않을까, 혹 나를 지배하려는 것은 아닌가?' 등에 대하여 많은 의심과 두려움을 갖게 된다. 따라서 멘토가 어떤 사람인지를 점검해 보면 이러한 현상이 없어지게 되는데, 멘제를 향한 메시지들을 정리하여 보면 다음과 같다

특히 멘제에게 개인적으로 조언해 줄 수 있는 멘토를 찾아냈을 때, 아래에 언급한 지침들을 사용하면 그 사람과 긍정적인 의미에서 멘토링 관계(Mentoring relationship)를 맺는 데 도움이 될 것이다.

(1) 멘토에게 적절한 질문을 하라

멘토와 만나기 전에 무슨 질문을 할 것인지 생각해 두라. 그리고 그것들을 자신의 성장을 위한 전략으로 사용하라.

(2) 멘토에게 당신이 기대하는 수준을 분명히 하라

일반적으로 멘토링의 목표는 완전해지는 데 있기보다는 발전하는 데 있다. 아마도 극소수의 사람들만이 아주 특별한 수준으로 올라갈 수 있겠지만 누구나 수준이 향상되기는 할 것이다.

(3) 낮아져서 배우는 자의 위치를 받아들여라

배우는 데서 너무 자존심을 세우지 마라. 멘토에게 자신의 재능이 뛰어나고 아는 것도 많다고 잘난 체하여 그의 환심을 사려는 행위는 도리어 관계만 불편하게 할 뿐이다. 그리고 더 나아가 멘토에게서 배워야 할 점들을 배우지 못하는 걸림돌이 될 수도 있다는 사실을 기억하라.

(4) 멘토를 존경하되 우상화하지 마라

멘토를 존경한다는 것은 그가 가르치는 것을 받아들인다는 의미이다. 하지만 멘토를 우상으로 받들다 보면 그의 지식과 경험이 가져다주는 강점들을 객관적 입장에서 우리 것으로 받아들이지 못하게 한다. 멘토를 존경하되 객관적이고 분석적으로 볼 수 있는 능력이 필요하다.

(5) 배운 것은 즉시 실천하라

가장 이상적인 멘토링 관계는 무엇인가 새로운 것을 배운다는 데 그 초점이 모아진다. 배우라, 실천하라, 그리고 내 것으로 만들라.

(6) 멘토에게 행동을 주의하라

어떤 주제를 함께 배울 것인지를 정하고, 만나는 시간이 가장 유익한 시간이 될 수 있도록 미리 준비하라. 정기적으로 만나고, 충분한 시간을 함께 보낼 수 있도록 시간을 잡으라.

(7) 성장하는 것을 보여줌으로써 멘토에게 보답하라

당신이 말로는 감사하다고 하면서 전혀 나아지는 게 없다면, 멘토는 당신을 보면서 실패했다고 느낄 것이다. 성장하고 있음을 보여주는 것이 멘토에 대한 가장 좋은 보답이다. 더 나아지도록 노력하라. 성장하라. 그리고 그 결과를 멘토에게 보여주라.

(8) 멘토에게 그만두겠다는 말을 조심하라

멘토에게 꼭 해내고 말겠다는 의지를 보여주라. 끝까지 인내하면서 승리를 쟁취하겠다는 자세를 보여주라. 그럴 때, 멘토는 자기의 시간을 낭비하고 있지 않다는 확신을 갖게 될 것이다.

Chapter 2

대화 기술

원활한 커뮤니케이션은 효과적인 '대화'에서 시작된다는 점을 명심해야 한다. 그냥 아무 생각 없이 내뱉는 말들은 결코 진정한 '대화'라고 할 수 없다. 의미가 담긴 진심 어린 대화를 통해서만 서로에 대한 이해와 멘토링의 학습효과를 촉진시킬 수 있다.

참고로 대화, 즉 'dialogue'란 그리스 언어인 'dia'와 'logos'에서 파생된 단어로, '의미리가 흐르는 과정(meaning flowing through)'이란 의미를 가지고 있다. 이를 토대로 '대화'라는 말의 뜻을 풀이해 보면 '상호 학습을 목적으로 말하는 것과 듣는 것의 균형을 이루는 쌍방향 커뮤니케이션'이라고 정의할 수 있다.

▣ 대화의 두 가지 속성

자신을 방어하기 위한 대화	상호 학습하기 위한 대화
• 논쟁하기 위해 청취	• 이해하기 위해 청취
• 상대방의 단점을 중심으로 말함	• 다각적인 질문을 제시
• 상대방에 대한 통제와 조정이 목적	• 존경하고, 가치를 인정하고, 파트너로서 공생하는 것이 목적
• 자신의 옳음을 입증하기 위한 대화	• 학습에 대한 몰입을 촉진하기 위한 대화
• 자신의 관점을 고수	• 상대방의 관점을 공유하고 자신의 생각과 교환
• 다른 사람을 자신에 맞춰 변화시키려 함	• 다른 사람을 지원·보조함
• 방어, 보수	• 공개, 개방

위의 도표는 대화의 두 가지 속성을 나타낸 것이다.

도표를 통해 알 수 있듯이 성공적인 멘토링의 초석이 되는 대화를 제대로 이끌기 위해서는 무엇보다 멘토나 멘제가 대화에 대한 올바른 관점을 가지고 있어야 한다. 즉, 대화는 자신을 방어하기 위해 사용하는 것이 아니라 상호 학습효과를 높이기 위해 활용하는 것이라는 개념을 명확히 정립해야 하는 것이다. 예를 들어 논쟁을 위한 대화, 일방적으로 상대방의 단점을 비방하는 대화, 무조건 자신의 의견만을 내세우는 대화는 상호 관계의 질을 높이는 데 전혀 도움이 되지 않는다.

따라서 멘토링에 있어서 대화는 멘토와 멘제가 함께 배워갈 수 있는 개방적 커뮤니케이션 분위기를 조성해 주는 '지름길' 역할을 해야 한다.

주제 1. 대화(Telling) 촉진기술

1. 대화의 출발은 오픈마인드를 유도하는 것

멘토와 멘제 간의 자아확대 욕구를 자극함으로써 상대방을 자신의 페이스로 유인하는 것과 함께 대화를 통해 부드러운 분위기를 연출함으로써 상대방이 오픈 마인드를 갖도록 하는 것이 심리 유도에서는 관건적인 문제로 등장한다.

어떠한 대화라 할지라도 궁극적인 목적은 성공적인 반응을 얻어내는 데 있다. 그렇지만 대화에서 우선적으로 요구되는 것은 '말하는 사람이 상대방에게 호의를 보임으로써 상대방을 즐겁게 만들어야 한다는 것'이다. 그 다음에는 정확하게 '상대방이 필요로 하는 정보를 알려줘야 한다.' 그래야만 상대방으로 하여금 확실한 이해를 하도록 유도할 수 있다. 또한 '호소력과 설득력이 있어야 대화의 목적을 달성할 수 있다.' 호소력이 있는 말은 상대방으로 하여금 동조(同調)와 행동을 유발시킨다.

결국 출발점은 상대방을 즐겁게 만드는 것, 즉 오픈마인드를 유도하는 것이다. 이것은 단순히 상대방의 기분을 풀어 준다는 의미만은 아니다. 자신이 말하고자 하는 바에 대해 관심과 흥미를 갖고 즐길 수 있도록 만들어야 한다.

예시: 멘토 / 멘제 첫 만남에서 대화

1) 서로에 대해 알 수 있는 시간 확보-서로에 대한 신상 정보 교환 성격스타일에서 공통점 또는 차이점 확인

2) 멘토링 활동에 대한 개괄적 설명-멘토의 멘토링 경험을 설명해 줌으로써 멘제에게 심리적인 안정감을 제공

3) 멘제의 멘토링 참여 목적 파악-멘제가 자신의 멘토링 목표를 명확히 인식하고 있는지를 파악

4) 멘제가 멘토와 어떤 관계를 맺고 싶어 하는 지를 파악-멘제가 멘토와의 관계에 어떤 기대 또는 니즈를 갖고 있는지를 질문

5) 멘토로서 멘제에게 제공해 줄 수 있는 것들에 대해 설명-멘토가 현재 수행하고 있는 업무와 능력에 대해 이야기하고, 멘토링이 필요한 정서적인 분야, 영역에 대해 질문과 토론

6) 멘토가 자신의 니즈, 기대치 현재의 약한 부문 등을 솔직히 말하도록 유도-향후 삶의 목표 및 업무 달성계획에 대해 말하도록 유도

7) 멘토링 활동 방법이나 업무에 대해 토론-서로의 스타일이나 선호도를 고려하여 멘토링 방법에 대해 상의

2. '쌍방 커뮤니케이션'에 기초한 즐거운 대화 연출법

▶ 대화의 즐거움은 서로 주고받는 데 있다.

한 사람만 독불장군식으로 일방적으로 떠들어서는 흥이 깨질 수밖에 없다. 말이 많은 사람이 화술에 능한 것이 아니다. 오히려 미움을 사기 쉽다. 말하는 사람과 듣는 사람이 발언을 끊임없이 주고받고, 그러는 가운데 서로 간의 주장을 존중하며 공감함으로써 인간관계가 돈독해지는 것이다.

그러므로 말이 없는 사람의 경우는 말을 많이 할 수 있도록 의도적으로 유도하는 것이 좋다. 항상 쌍방향 커뮤니케이션에 유의해야 한다.

'즐거운 대화를 위해서는 무엇보다도 화제(話題)가 밝고 전향적이어야 한다.' 들어서 불쾌하거나 실망감을 의식하는 주제라면 즐거운 대화가 될 리 없다. 이 경우에는 어두운 표현이나 부정적인 말을 사용하지 않도록 주의한다.

예시: 즐거운 대화 나누기 10가지 방법

1. 밝은 주제를 가지고 이야기를 나눈다.
2. 환한 미소를 주고받는다.
3. 삶에 도움이 되는 이야기를 나눈다.
4. 대화를 나눌 때 의견이 활발히 오고 가야 한다.
5. 자기의 의견만 고집하지 않는다.
6. 솔직하게 의사 표시를 한다.
7. 긍정적으로 맞장구를 친다.

8. 칭찬할 일이 있으면 기쁜 마음으로 칭찬을 한다.

9. 같은 말을 지루하게 반복하지 않는다.

10. 공감할 수 있는 대화를 나눈다.

3. 상대방을 빠른 시간에 이해하기 위한 작은 화젯거리

'첫 대면일수록 **이야깃거리가 바닥나 침묵이 흐르는 것은 좋지 않다.**' 그러나 아무리 화제가 없는 사람이라도 다음과 같은 작은 주제들을 항상 염두에 두고 있으면 쉽게 공통된 화제를 찾아내 대화를 풀어 나갈 수 있다.

'**날씨**' 날씨와 계절 이야기. "매우 덥군요" "쌀쌀한데요" 등의 이야기는 누구나 함께 이야기할 수 있다.

'**건강**' 건강에 관한 이야기. 단순한 안부를 묻는 것에서부터 최근의 건강에 대한 뉴스나 관심사는 누구나 흥미를 가지고 있는 화젯거리다.

'**취미**' 취미나 오락이야기. 낚시나 골프 등의 취미에 관한 화제, 일단 상대의 취미가 무엇인지 알게 되면 이쪽이 문외한일지라도 질문하는 것만으로도 화제를 풍성하게 할 수 있다.

'**섹스**' 섹스에 관한 이야기. 섹스라고 해도 점잖지 못한 것이 아니라 좋아하는 여성이나 남성에 관한 밝고 가벼운 화제

'**뉴스**' 최근 일어난 사건 사고 이야기. 단, 정치나 종교이야기는 되도록 피한다. 남자들끼리면 스포츠 뉴스는 매우 좋은 화제다.

'**실패담**' 일의 실패담. 자신의 실패담을 털어놓으면 상대방도 "실

은 나도……"라고 이야기를 꺼낼지 모른다.

'여행' 여행에 관한 이야기. 여행을 별로 즐기지 않는 사람도 신기해한다.

'친구' 친구에 관한 이야기. 내가 알고 있는 사람 중 이런저런 재미있는 사람들이 있는데라고 이야기하면 뜻밖에도 서로 함께 아는 친구가 있을지 모른다.

'군대' 군대에 관한 이야기. 남자들에게는 **빼놓을** 수 없는 화제가 군대 이야기이다. 근무부대 및 특기활동 등이 좋은 화젯거리다.

'가족' 가족에 관한 이야기. 결혼 여부나 가족에 대한 이야기는 누구나 쉽게 할 수 있는 이야기다.

'의' 상대가 입고 있는 옷의 색깔이나 유행에 대하여 이야기한다.

'식' 상대가 식사했는지 여부를 묻는다. 서로가 좋아하는 음식, 술, 식당 등에 관한 이야기를 하면 급속히 가까워지는 경우도 있다.

'주' 갑자기 사는 집이 무엇이냐고 묻는 것은 실례지만, 방향을 달리해 최근에 집을 샀거나 사려고 하는 친구의 이야기는 매우 좋은 화젯거리다.

주제 2. 경청 촉진기술(Listening Skill)

경청 스킬은 멘제의 이야기를 어떤 식으로 듣느냐 하는 듣기 방법 기술이다. 어떤 경청방법이 멘제의 가능성을 최대한 끌어낼 수 있는지가 포인트이다. 멘제의 이야기를 듣는 태도에 따라 '귀로 듣는다', '입으로 듣는다', '마음으로 듣는다'로 구분할 수 있다. 멘제의 업무촉진을 위해 가장 좋은 방법은 '마음으로 듣는다'라고 볼 수 있겠다.

1. 경청 스킬의 목적

－대화에서 경청방법과 관련된 기술
－어떻게 하던 멘세가 본래 가지고 있는 능력이나 가능성을 최대한 발휘해서 자아실현을 할 수 있게 하는 기술

2. 경청 스킬의 종류

1) 귀로 듣는다

상태: 겉으로는 드는 척하고 머리로는 딴 생각으로 가득 찬 상태

　* 잡념 사념 고정관념 선입견 등등

표현: 가) 요점만 말해 난 지금 바쁘단 말이야

　　　나) 그건 옳아, 그건 틀려 식의 고정관념

　　　다) 자네가 말하고 싶은 건 분명 이러한 것일 거야 식의 선
　　　　　입견

개선: 멘제 중심의 180도 경청 방향으로 선회해야 함

2) 입으로 듣는다

상태: 가) 멘제의 이야기를 귀담아 듣는 스타일로 '신중하게 듣는
　　　　　중이야'라는 반응을 보인다----면접시험과 스타일

　　　나) 문제점-누구를 위해 듣는가? 나를 위해 듣는 면접시험관?

바른경청: 가) 멘제 중심의 경청으로 관심을 보일 수 있는 입으로
　　　　　　　질문하는 스타일

　　　　　나) 음성을 듣는 것이 아니라 말하는 내용에 중점을 둠

3)마음으로 듣는다

상태 가) 멘제의 자아실현을 위하여 가장 좋은 경청방법

　　　나) 멘제 입장에서 이야기를 경청하고 멘제가 느낄 수 있는
　　　　　반응

다) 자아실현-멘제가 스스로 해답을 찾을 수 있도록 서포트

서포트방법: 가) "이쪽이 자네를 위해 더 나을 걸세"

나) 멘토의 척도가 아니라 멘제의 척도에 맞게 대응

다) 멘제가 이야기하고 싶은 것을 듣는다.

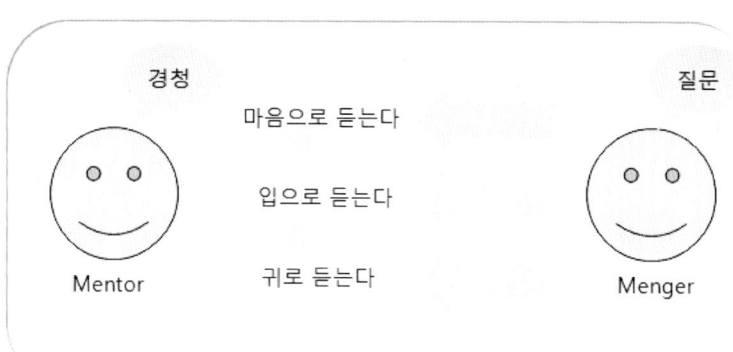

3. 경청 스킬 예시

입으로 듣는다	1 멘제의 이야기를 귀담아 듣는 스타일로 " 신중하게 듣는 중이야" 라는 반응을 보인다----면접시험관 스타일 2 문제점-누구를 위해 듣는가? 나를 위해 듣는 면접 시험관?
	바른경청 : 1) 멘제 중심의 경청으로 관심을 보일 수 있는 입으로 질문하는 스타일 2) 음성을 듣는 것이 아니라 말하는 내용에 중점을 둠

귀로 듣는다

> 1 겉으로는 드는척하고 머리로는 딴 생각으로 가득 찬 상태
> 　* 잡념 사념 고정관념 선입견 등 등
>
> 표현 : 1) 요점만 말해 난 지금 바쁘단 말이야
> 　　　 2) 그건 옳아 그건 틀려 식의 고정관념
> 　　　 3) 자네가 말하고 싶은 건 분명 이러한 것일 거야
> 　　　　 식의 선입견
>
> 개선 : 멘제 중심의 180도 경청 방향으로 선회해야함

마음으로 듣는다

> 1 멘제의 자아 실현을 위하여 가장 좋은 경청방법
> 2.멘제 입장에서 이야기를 경청하고 멘제가 느낄 수 있는반응
> 3 자아실현-멘제가 스스로 해답을 찾을 수 있도록 서포트
>
> 서포트방법 : 1)"이쪽이 자네를 위해 더 나를 걸세"
> 　　　　　　 2) 멘토의 척도가 아니라 멘제의 척도에 맞게 대응
> 　　　　　　 3) 멘제가 이야기 하고 싶은 것을 듣는다

4. 셀프 테스트로 알아보는 경청유형

말 잘하는 사람이 부럽다면 상대방의 마음을 사로잡고 싶다면 먼저
잘 들어라. 귀를 쫑긋 세우고 마음을 열어 경청하라. 경청은 멘토/
멘제가 성공적 대화를 위한 첫 번째 기술이다. 경청을 하는 태도에
도 유형이 있다. 당신은 어떤 유형에 속하는가? 다음의 셀프 테스트
를 통해 알아보자.

구분	NO	설문 진단도구	점수
			1	2	3	4	5
01	1	상대방의 말을 들을 때 그 사람의 느낌에 귀를 기울인다.					
	2	상대방의 말을 들으면 기분이 좋은지 그렇지 않은지 금새 알아 차린다.					
	3	상대방이 자기 문제를 털어 놓을 때 그 사람의 말에 금방 몰두한다.					
	4	새로 알게된 사람의 말을 들을 때 공통의 관심사를 찾으려고 노력한다.					
	5	다른 사람이 말을 할 때 눈짓이나 고갯짓으로 흥미를 표현한다.					
02	6	다른 사람이 자기 생각을 조리 있고 효과적으로 표현하지 못하면 갑갑해한다.					
	7	다른 사람의 말을 들을 때 내용의 불일치나 모순점에 집중한다.					
	8	말하는 사람의 생각을 건너 뛰거나 예단한다.					
	9	대화 도중에 곁가지를 치며 다른 얘기를 꺼내는 사람이 정말 싫다.					
	10	말하는 사람이 더 빨리 요점에 도달할 수 있게 질문을 던진다.					
03	11	모든 사실을 듣고 나서야 판단을 내리거나 의견을 내 놓는다.					
	12	기술적인 정보를 선호 하는 편이다.					
	13	의견이나 주장 보다는 내가 직접 판 평가해볼 수 있는 사실이나 증거를 듣고 싶어한다.					
	14	복잡한 정보를 듣는 게 즐겁고 좋다.					
	15	추가 적인 정보를 캐내기 위해 질문을 던진다.					
04	16	바쁠 때면 이야기를 들어줄 시간이 한정돼 있음을 상대방에게 말한다.					
	17	토론을 시작하기 전에 얼마나 오래 기다렸는지 부터 말한다.					
	18	시간이 없다 싶으면 상대방이 말을 하는 도중에라도 끼어든다.					
	19	시간이 없다 싶으면 말을 하고 있어도 손목시계나 벽시계를 쳐다본다.					
	20	시간이 압박을 느낄 때면 다른 사람의 말에 대한 집중력이 떨어진다.					

5. 듣기 유형, 장점과 단점

1) 사람 지향적 유형

장점	단점
1 다른 사람에게 관심 많고 배려할 줄 안다.	1 타인의 감정 상태에 너무 쉽게 휘말린다
2 선입견이나 편견을 갖지 않는다	2 타인의 잘못이나 약점을 잘 보지 못한다
3 대화할 때 반드시 유언 무언의 피드백을 준다	3 타인의 감정을 내면화 하거나 약점을 잘 보지 못한다.
4 타인의 감정상태를 잘 파악한다	4 타인의 일에 지나치게 간섭하기 쉽다.
5 타인의 분위기를 빨리 감지한다.	5 피드백을 줄 때 너무 오버할 수 있다.
	6 이 사람 저 사람 가리지 않고 친해질 우려가 있다.

　당신은 타인의 말을 들으면서 그의 감정 상태를 온전히 이해하고 별다른 선입견 없이 그 사람을 바라볼 것이다. 그래서 사람들은 개

인적인 문제나 위기에 봉착했을 때 바로 당신을 찾게 된다. 그러나 거의 모든 유형의 사람들에게 열려 있다 보니 당신은 타인과 너무 잘 얽히게 된다.

2) 행동 지향적 유형

자신이 맡은 일에 집중한다. 개략적인 내용에 귀를 기울이고 두서없는 이야기를 듣는 것을 힘들어 한다. 또 다른 사람들에게 주제에 벗어나지 않도록 도움을 주고 논리적 구조적 방식으로 정보를 제공하기 때문에 대부분의 회의에서 환영받는다. 그러나 때때로 임무에 너무 집착하기 때문에 다른 사람들과 관계를 맺는 데 참을성을 발휘하지 못하고 관심이 없는 것으로 비쳐지기도 한다.

장점	단점
1 문제의 핵심에 재빨리 점근한다.	1 주위가 산만한 대화자를 참지 못한다.
2 목표와 관련된 피드백을 재빨리 제공한다.	2 말이 끝나기 전에 넘겨 짚고 재빨리 결론을 내린다.
3 당장 수행해야 할 임무를 이해 하는 데 에너지를 집중한다.	3 대화자가 두서없이 이야기 하면 쉽게 산만해 진다.
4 다른 사람들이 중요한 것에 초점을 맞추도록 돕는다.	4 무례한 질문을 한다.
5 다른 사람들이 구조적이고 간결하게 말을 하도록 돕는다.	5 지나치게 비판적으로 본다.
6 내용 속에 담긴 요소을 잘 파악한다.	6 감정적인 문제를 과소평가한다..

장점	단점
1 기술적인 정보를 높이 평가 한다.	1 지나치게 세부적인 것에 집착한다.
2 정보가 얼마나 명료한지 자신이 얼마나 이해했는지를 점검한다..	2 신날한 질문으로 다른 사람을 위협한다
3 다른 사람들이 자신의 생각에 대한 근거를 제시하도록 격려한다.	3 비 기술적 정보를 과소 평가한다.
4 복잡하고 어려운 정보를 환영한다.	4 알려지지 않는 개인에게서 들은 정보는 높게 평가하지 않는다.
5 문제의 모든 측면에 관심을 갖는 다.	5 결정하는 데 오랜 신간이 걸린다.

3) 내용 지향적 유형

모든 내용을 신중하게 평가하는 경향이 있다. 자세히 듣고 이면에 숨겨진 내용까지 파헤치는 등 문제를 모든 관점에서 탐구한다. 또 문제의 모든 면을 파악하려 하고 난해하거나 복잡한 정보에 귀를 기울이는 것을 좋아한다. 기술 분야의 종사자들이 이 범주에 속한다.

4) 시간 지향적 유형

시간을 중시하고 낭비하는 사람들을 참지 못한다. 효율성과 시간관리를 중시하는 반면 시간에 대한 압박감 때문에 창조력을 발휘하지 못한다. 또 인간관계를 망치거나 경시하기 쉬우므로 주의해야 한다. 사업가나 샐러리맨 등에게서 쉽게 찾아볼 수 있는 유형이다.

장점	단점
1 시간을 효과적으로 관리 한다. 2 다른 사람의 말을 들을 때 시간이 제한 되어 있음을 알린다. 3 만남이나 대화에서 시간을 어떻게 이용할 것인지 지침을 정한 다. 4 대화자가 쓸데 없는 말을 하며 시간을 낭비하지 못하도록 한다 5 시간이 낭비 되고 있을 때 상대방에게 암시를 준다.	1 시간을 낭비하는 사람을 참지 못하는 경향이 있다. 2 인간관계에 긴장을 주면서 다른 사람들을 방해한다. 3 시간을 의식하다 보면 집중력이 떨어 질 수 있다. 4 자주 시계를 들여다 봐 대화자를 조급하게 만든다. 5 시간적인 압박을 주어 다른 사람들이 창조력을 발휘하지 못하게 한다.

6. 경청 유형에 대한 전략

반대로 상대방의 듣기 성향을 알고 있다면 대화를 자신에게 유리하게 이끌 수도 있다. 다음의 단서가 상대방의 듣기 성향을 파악하는 데 도움이 될 것이다. 성향을 알았다면 그에 맞는 전략도 세워라.

7. 경청을 방해하는 못된 요소들

구분	사무실 (환경적 단서)	개인적 단서	유형별 전략
행동지향적	1)책상에 정리함이 놓여 있다. 2)벽에 학위 증명서가 걸려 있거나 일과 관련된 사진이 걸려 있다. 3)책상이 깨끗하다.	1)힘차게 악수한다. 2)약간 빠른 속도로 이야기한다.	1)전하려는 내용이 3가지를 넘지 않는다. 2)짧게 프레젠테이션을 하거나 바로 본론을 제시한다. 3)빠르지만 절제된 속도로 말한다.
내용지향적	1)책상 위에 서류들이 깔끔하게 쌓여 있다. 2)책상 근처에 참고서적들이 놓여있다. 3)컴퓨터가 항상 켜져 있다	1)얼굴 표정이 심각하다 2)목소리가 도전적 이거나 호전적이다. 3)이야기를 들으며 자주 위를 쳐다 본다.	1)신뢰성이 있는 자료를 제시한다. 2)신뢰할 만한 전문가의 말을 인용한다. 3)차트 외 그래프를 활용한다.
시간지향적	1)방안에 시계가 한 개 이상 있다 2)컴퓨터나 시계에 알람 기능을 설정해 때가 되면 울린다.	1)자주 시계를 본다. 2)참을성이 없는 표정을 지어 보인다. 3)시간을 알려 주는 장치를 사용한다.	1)가능하면 정해진 시간보다 빨리 끝내고자 노력한다. 2)불필요한 사례나 정보는 삭제한다. 3)상대방이 대화를 끝내고 싶다는 비언어적 단서를 보내는지 계속 주시한다.

구분	사무실 (환경적 단서)	개인적 단서	유형별 전략
사람지향적	1)벽에 개인적인 사진이 걸려있거나 책상에 개인적인 물건이 있다. 2)책상이 지저분하다.	1)시선을 마주친다. 2)억양이 다양하다 3)동의의 표시로 자주 미소를 짓거나 고개를 끄덕인다.	1)인간적 가치를 포함 하는 이야기를 하거나 그림을 보여 준다. 2)"나"보다 "우리"라는 단어를 사용한다. 3)성보다 이름을 부른다. 4)유머를 활용할 때도 자기를 내세우지 않는다.

말을 하는 도중 그만두고 싶을 때가 있지 않나, 상대방의 어떤 면들이 열의에 찬 나의 의지를 꺾었는가? 혹시 나는 그렇게 하지 않았는가? 다음 중 몇 가지나 해당되는지 체크해 보자.

1 다른 사람이 말할 때 자꾸 끼어 든다.
2 말하는 사람을 쳐다 보지 않는다.
3 자꾸 재촉해서 말하는 상대방에게 시간을 빼앗기고 있다는 죄책감을 들게 한다.
4 대화 보다 다른 것에 흥미를 보인다.
5 미처 말을 끝내기도 전에 결론을 내린다.
6 상대 요구에 반응하지 않는다.
7 마치 마음을 정한 것 처럼 "그래, 하지만---" 하고 말한다.
8 "그 이야기를 들으니 생각 나는데---" 또는 "별 것 아니네, 내 이야기를 좀 들어봐---"하는 말로 상대방의 말허리를 잘라 버린다.
9 이전에 이야기한 것을 잊어 버린다.
10 세부적인 것 같이 너무 꼬치꼬치 캐묻는다.
11 TV소리처럼 정신을 산만하게 하는 요소를 방치한다
12 멀찍이 떨어져 있다.
13 중요한 이야기인데도 메모를 하지 않는다.
14 고개를 끄덕이는 등 비언어적 반응이 전혀 없다.

8. 똑똑한 경청을 위한 10가지 노하우

멘토는 상대방인 멘제의 마음을 얻기 위해선 잘 들어 주는 경청의 지혜가 필요하다. 경청의 놀라운 힘, 그 10가지 노하우를 알아보자.

---

01 경청을 결심하라

폴 랜킨의 측정에 의하면 인간은 깨어 있는 시간의 평균 70%를 커뮤니케이션에 사용한다. 그 가운데 쓰기에 9%, 읽기에 16%, 말하기에 30%, 듣기에 45%를 할애한다.

가정과 직장에서 `듣기`는 우리의; 삶을 변화 시킬 수 있는 매우 소중한 기회다. 이제부터는 타인의 말에 귀를 기울이겠다고 결심하라.

<월든>의 저자 헨리 데이빗 소로우는 이렇게 말했다

" 나는 의식적인 노력으로 자신의 삶을 높이고자 하는 인간의 확실한 능력보다 더 고무적인 사실을 알지 못한다." 경청은 우연히 이루어지는 것이 아니다. 지금 이순간 결심에서 시작된다.

---

02 마음을 비워라

상대방에게 해주고 싶은 말, 그에 대한 편견과 선입견 등을 모두 버리고 텅빈 마음으로 상대의 말을 찬찬히 들어 주려는 준비가 필요하다.

성공적 대화의 핵심은 `공감(共感)`인데 내 생각으로 가득차 있는 상태에서는 공감이 일어나지 않는다. 모든 악기는 속이 텅 비어있다.

그 빈 공간에 흘러 들어온 음이 완전한 공명을 이루어 아름다운 소리를 내는 것처럼 상대의 말을 있는 그대로 이해하기 위해서는 우선 자신을 비우는 작업을 선행해야 한다.

03 인정하라

부하 직원이나 배우자, 자녀 등 평소 익숙한 상대방일수록 상대에 대한 고정 관념을 갖기 쉽다.

그래서 한두 마디만 듣고도 속으로 `아, 또 그 얘기!` 하는 식의 반응을 보이기 쉽다. 이는 상대방의 진심 어린 마음의 소리를 듣지 못하게 하는 커다란 장애물 이다. 상대방을 온전한 인격체로 먼저 인정하는 태도를 갖고, 상대방 내면의 틀 안으로 들어가 그의 소리를 들을 수 있어야 한다.

04 발견하라

마음을 비우고 귀 기울이면, 상대의 진실을 발견하는 특권을 누리게 된다. 어느 날 들판을 걷거나 숲길을 거닐다가 평소에 들리지 않던 풀벌레 소리, 새소리, 바람 소리가 갑자기 들려 오는 경험을 하게 된다.

이처럼 경청은 나 자신과 상대에서 새로운 발견의 기쁨을 선사해준다.

05 말하기를 절제하고 끼어 듣지 말라.

우리는 1분 동안 400~500단어를 생각할 수 있는 생각의 속도를 가졌다. 그러나 듣기 속도는 1분당 100단어 내외에 머문다.

4~5배 빠른 생각의 속도는 상대가 말하는 동안, 다음에 내가 할 말을 떠올리게 만들고 그 결과 우리는 말을 자르고 들어가 상대를 좌절시키는 경우가 많다. 판단. 해석. 충고하려는 충동. 탐색 등을 멈추고 진지하게 상대의 말에만 집중하자.

공자는 "말을 배우는 데는 2년밖에 안 걸리지만, 듣기를 배우는 데는 60년이 걸린다"고 했다. 유대 속담에는 "말하는 것은 지식의 영역이고, 듣는 것은 지혜의 영역"이라고 했다.

06 감정을 살펴라

전문가에 의하면 대화 중단
7%만 언어의 내용에 의해 정보 전달이 이루어 진다고 한다.
38%는 말의 억양이나 톤, 음색 등으로 이루어지며,
55%는 비 언어적인 메시지 즉 표정, 눈빛, 다가서기, 물러서기, 제스처 등을 통해 이루어진다고 한다.
상대의 감정을 읽어내기 위해서는 귀에 들리는 소리뿐 아니라 상대의 전인적인 반응을 예의 주시하며 현재 어떤 감정 상태에 있는지를 파악하고 그것을 이해 했다는 표현을 해주어야 한다. 이처럼 감정을 살피려는 노력으로서 경청은 쉬운 일이 아니지만, 놀라운 보상을 약속하는 법이다.

07 공감하라

공감이란, 상대의 내면으로 파고들어가 그 사람의 감정상태로 내가 들어가보는 것이다. 영어의 `이해한다`는 낮은 자리에 선다(Under+Stand)는 뜻임을 알 수 있다.
낮은 곳에 먼저 선다는 것이 결코 쉬운 일은 아니지만 먼저 상대의 감정을 충분히 이해하는 작업, 즉 공감을 이루어낼 수 있다면 당신은 이미 경청의 대가가 되어가고 있는 것이다.

08 온 몸으로 응답하라

경청은 귀로 만 하는 것이 아니다. 눈빛으로, 기울이는 몸짓으로, 부지런히 메모 하는 손놀림으로, 고개를 적당히 끄덕여 주는 공감 표현으로 상대에게 지속적으 로 당신의 반응을 보여주는 것이 곧 경청이다.

09 상생하라

창조적 공존이 필요한 21세기에는 나의 입장만 주장하는 태도는 어디에서도 환영 받지 못할 뿐 아니라 성과를 이루기도 어렵다. 경청의 태도는 21세기형 공존의 지혜다.
사회적 자본의 가장 귀중한 구성 요소는 신뢰인데, 이 신뢰는 바로 커뮤니케이 션의 성숙함에서 발생하는 것이다. 경청은 사회적 자본을 구축해나가는 첫 출발점이라 할 수 있다.

10 습관화하라

듣기에는 5단계가 있다. 무시하기, 듣는 척하기, 생색내며 듣기, 기술적 듣기, 그리고 마지막으로 인격적인 경청이다. 진정한 의미의 경청은 테크닉으로 이루어지는 것이 결코 아니다. 바로 우리의 인격에 상대를 존중하고 배려하는 태도가 자리 잡을 때 비로서 가능한 일이다.

9. 경청의 사례

▶ **경청 스킬은 멘제의 이야기를 어떤 식으로 듣느냐 하는, 대화에서의 듣기 방법과 기술이다.**

어떤 경청방법이 멘제의 가능성을 최대한 끌어낼 수 있는지가 포인트이다. 멘제의 이야기를 듣는 태도에 따라 '귀로 듣는다', '입으로 듣는다', '마음으로 듣는다'로 구분할 수 있다. 멘제의 업무촉진을 위해 가장 좋은 방법은 '마음으로 듣는다'라고 볼 수 있겠다.

◀ **부정적 질문 형식**

멘토 "요즘은 어떤가?"

멘제 "네, 며칠 야근했더니, 좀 체력이 달리네요."

멘토 "내가 묻고 싶은 것은 그런 게 아니라, 자네 영업 활동이 어떻게 돌아가고 있는지를 묻고 있는 걸세."

멘제 "아, 예. 글쎄요. 그것도 그럭저럭 그러네요."

멘토 "그럭저럭 그렇다니? 그건 무슨 뜻인가?"

멘제 "네, 이리 뛰고 저리 뛰고 노력하는 데 비해 고객의 반응이 영 신통치 않은 것 같아서……."

멘토 "이리 뛰고 저리 뛰고 노력한다고? 구체적으로 뭘 하고 있는데?"

멘제 "저, 그게 말이죠. 지금까지 저희 상품을 구입한 고객들에게 세일소식을 전하는 엽서를 보내기도 하고……."

멘토 "뭐야, 고작 그런 걸 갖고 노력한다고? 그건 다른 세일즈맨들도 하고 있는 거잖아? 좀 더 기발하고 참신한 아이디어가 없냐 말이야?"

멘제 "그렇지만 야근 수당도 없는 상태에서 매일같이 야근이 계속 됩니까……?"

멘토 "야근? 남아서 자네는 뭘 하는데?"

멘제 "그러니까 고객들에게 안내 엽서를 발송할 때도 있고요……."

멘토 "엽서는 조금 전에 들었네. 그리고 그런 일 가지고 굳이 야근 할 필요가 있을까?"

멘제 "하지만 요즘 같은 불황 때 한 장 한 장 정성스럽게 쓰는 쪽이 고객에게 좋은 인상을 줄 것 같아서요……."

멘토 "그건 그렇지만, 낮 시간을 잘 활용하는 방법이 좋지 않을까?"

멘제 "네, 하지만 낮에 보다 효과적으로 고객과 접촉하려면, 그런 정 성이 담긴 엽서 쓰기도 중요할 것 같은데요……."

멘토 "그래? 뭐든지 좋지만 좀 더 머리를 짜내서 영업 실적을 올릴 수 있도록 분발하게나."

멘제 "예."

◀ 긍정적 질문 형식

멘토 "요즘 어떤가?"

멘제 "네, 며칠 야근했더니. 좀 체력이 달리네요."

멘토 "그런가? 그럼 그 문제를 해결할 만한 대책은 생각해둔 게 있나?"

멘제 "글쎄요, 뭐 달리 대책이라고 말씀 드릴 만한 것은 아직……."

멘토 "그럼 그 점에 대하여 허심탄회하게 얘기해 볼까?"

멘제 "네, 잘 부탁드립니다."

멘토 "그래, 자네는 어떻게 하고 싶은가?"

멘제 "물론, 솔직한 심정으로 야근을 줄이고 집에서 느긋하게 휴식을 취하고 싶지만……."

멘토 "그래. 그럼 어느 정도 야근이 줄면 집에서 느긋하게 쉴 수 있겠는가?"

멘제 "글쎄요. 한 시간만 빨리 퇴근할 수 있어도 굉장히 다를 것 같은데요."

멘토 "그래. 그럼, 한 시간 빨리 퇴근하기 위해 자네가 할 수 있는 일은 어떤 것이 있을까?"

멘제 "지금은 저희 상품을 구입한 고객에게 손으로 직접 쓴 안내 엽서를 발송하고 있지만 그것을 워드프로세스로 처리한다면……."

멘토 "그래. 좋아. 워드프로세스로 문서 작성하지. 그럼. 그렇게 하면 '매일 한 시간 빨리 퇴근한다'는 자네 목표는 달성할 수 있겠나?"

멘제 "네, 하지만 요즘 같은 불황에 한 장 한 장 정성스럽게 손으로 직접 쓰는 쪽이 고객에게 좋은 인상을 줄 것 같아서……."

멘토 "그러면 결국 고객에게 좋은 인상을 주는 안내 엽서를 빨리 작성하면 된다는 것이구먼."

멘제 "네, 바로 그거죠."

멘토 "뭔가 좋은 방법이 있을 텐데?"

멘제 "글쎄요, 그러고 보니까 굳이 전부 손으로 작성할 필요는 없을 것 같습니다. 어떤 고객에게나 공통되는 부분은 워드로 치고 개별 부분은 손으로 작성한다면 한 시간 빨리 퇴근할 수 있을 것 같기도 한데요."

◀ *질문의 정리*

　양자의 가장 큰 차이는 멘토의 척도가 개입되어 있는지 그렇지 않는지가 아닐까? 부정적 질문에서는 '뭐야. 고작 그런 것 갖고 노력한다고?' '그런 일 가지고 굳이 야근할 필요가 있겠는가?' 라는 질책성 발언에서 볼 수 있듯이 멘토 멋대로의 판단이나 해석이 곳곳에 숨어 있다. 한편 긍정적 질문에서는 그런 멘토의 척도가 거의 느껴지지 않으며 상당히 일관되게 의식의 화살이 멘제에게 향하고 있다. 분명 긍정적 질문에 등장하는 멘제는 자신의 이야기를 멘토가 진정으로 경청해 주고 있다는 인상을 받을 것이다.

주제 3. 질문 촉진 스킬(Question Skill)

    멘토가 멘제를 멘토링할 때 꼭 알아두어야 하는 질문은 확대질문, 미래질문, 긍정질문 등 3가지이다. 이 3가지 질문에는 각각 반대되는 질문이 존재한다. 즉 확대질문의 반대질문으로 특정질문이 있고, 미래질문의 반대질문으로 과거질문, 그리고 긍정질문의 반대질문으로 부정질문이 각각 대조를 이룬다.

    확대질문, 미래질문, 긍정질문의 공통점은 모두 상대방이 지닌 가능성을 최대한 끌어내는 것을 목적으로 하는 점이다. 즉 같은 질문이라도 멘제의 가능성을 이끌어 내는 데 도움이 되는 질문과 그렇지 않은 질문이 있다.

1. 질문 스킬 예시

1) 특정질문 VS 확대질문
    특정질문은 질문 받은 사람이 그다지 깊이 생각하지 않고 바로 답할 수 있는 질문으로 대개 해답이 하나밖에 없는 질문이고 확대질문은 질문을 받은 사람이 그 자리에서 답할 수 없는 질문으로 특정질문에 비해 깊이 잠재된 의식까지 화살을 돌릴 수 있다. 그러므로 멘제의 가능성을 이끌어 내기 위해서는 가능한 특정질문을 줄이고, 확대질문을 늘리려는 마음가짐이 중요하다.

특정질문 – 적게	확대질문 – 많게
– 바로 대답할 수 있는 질문 – 해답이 하나밖에 없는 질문	– 바로 대답할 수 없는 질문 – 둘 이상 해답이 있는 질문
– 올해 입사 몇 년째인가? – 고향은 어딘가? – 오늘은 며칠인가? – 우리나라 대통령은 누군가?	– 앞으로 어떤 일을 하고 싶은가? – 가장 소중하게 여기는 것은?

2) 과거질문 VS 미래질문

과거질문은 질문 속에 과거형의 단어가 포함된 질문으로 대부분 멘제의 기억에 속하는 것이다. 반면 미래질문은 미래형의 단어가 포함되는 질문으로 멘제의 가능성을 이끌어 내기 위해서는 과거질문을 줄이고 미래질문을 늘려 가는 것이 바람직하다.

특정질문 – 적게	확대질문 – 많게
– 바로 대답할 수 있는 질문 – 해답이 하나밖에 없는 질문	– 바로 대답할 수 없는 질문 – 둘 이상 해답이 있는 질문

3) 부정질문 VS 긍정질문

부정질문은 질문 속에 '아니다'라는 의미의 부정형 단어를 포함하는 질문으로 멘제가 원하는 방향과 다른 방향으로 의식을 바꾸게 되면 필요한 해답을 얻지 못하는 확률이 높아질 수 있다. 반면 긍정질문은 부정적인 의미가 질문 속에 없는 질문으로 폭이 넓고 긍정적이며 밝은 방향으로, 멘제의 가능성을 이끌어 내는 데에 있어서 부정질문이 아닌 긍정질문을 많이 유도해 나가는 것이 바람직하다.

부정질문--NO	긍정질문--YES
- 어째서 일이 순조롭게 진행되지 않는가? - 뭐가 확실하지 않은 거지?	- 어떻게 하면 일이 순조롭게 진행될 수 있겠는가? - 뭐가 확실한 것이 될 수 있겠는가?

2. 질문 형식 예시

◀ 부정적 질문 형식

멘제 "과장님, 이 판촉 프로젝트 건에 관한 것입니다만……"

멘토 "그래, 그건 잘되고 있겠지?"

멘제 "예, 대체로 순조롭게 진행되고 있는 것 같은데……."

멘토 "그래, 그거 다행이군. 그런데 하고 싶은 말은 그것뿐인가?"

멘제 "저, 그게 말입니다……."

멘토 "뭔가? 무슨 문제라도 생긴 건가?"

멘제 "아, 아뇨. 큰 문제라고 할 것까지는 못 됩니다만……."

멘토 "그럼 뭔가?"

멘제 "그게 말이죠. 대리점 A사에 관한 일인데……."

멘토 "A사가 왜?"

멘제 "그쪽이 아무래도 이번 프로젝트에 동조하지 않는 것 같습니다만……."

멘토 "뭐야! 그게 도대체 무슨 말인가?"

멘제 "네, 그게 사실 저도 잘 모르겠습니다."

멘토 "뭐, 몰라? A사는 자네 담당이 아닌가?"

멘제 "그건 그렇지만, 그쪽에서 별다른 말이 없어서……."

멘토 "A사는 이번 판촉 프로젝트에서 가장 중요한 열쇠를 쥐고 있는 대리점이 아닌가? 그건 자네도 알고 있겠지? 어째서 사태가 이 지경이 될 때까지 아무런 대책도 세우지 않았나?"

멘제 "죄송합니다."

멘토 "죄송하다고? 지금 그걸 말이라고 하나? 내가 직접 A사 이사에게 사정을 해야 되겠구먼."

멘제 "예, 감사합니다. ……"

◀ 긍정적 질문 형식

멘제 "과장님, 이번 판촉 프로젝트 건에 관한 것입니다만……."

멘토 "그래 어떻게 되어 가고 있는가?"

멘제 "네, 전체적으로 순조롭게 진행되고 있지만, 부분적으로 마음에 좀 걸리는 부분이 있어서……."

멘토 "그래 어떤 부분이 그런가?"

멘제 "네, 대리점 A사가 아무래도 비협력적인 것 같습니다."

멘토 "그래?"

멘제 "네, 어쩐지 동조하지 않는 것 같습니다."

멘토 "동조하지 않는다? 그렇다면 자네 생각에는 어떻게 하면 좋겠는가?"

멘제 "솔직히 아직 잘 모르겠습니다."

멘토 "그래? 그럼, 자네는 어떻게 하는 게 가장 이상적이라고 생각하나?"

멘제 "그건 A사가 우호적으로 변모할 수 있도록 우리 그룹 전체가 하나가 되어 이 프로젝트에 몰두하는 것입니다."

멘토 "그래, 그 일을 위해 자네가 할 수 있는 것은 무엇이라고 생각하나?"

멘제 "글쎄요. A사가 왜 비협조적인지 그쪽 담당자에게 솔직히 물어보면 어떨까요?"

멘토 "그래, 좋아. 그럼 거기서부터 시작하자고."

멘제 "네, 과장님. 감사합니다."

◀ *질문의 정리*

부정적 질문에서는 결국 대리점 A사에 멘토가 직접 부탁하겠다는 말을 들음으로써 멘제는 무력감 내지 패배감을 맛보게 된다. 한편 긍정적 질문에서는 결국 멘제는 자신의 의지대로 A사에 도전해서 그 해답을 스스로 찾아냈다는 기쁨을 느낄 수 있다.

Chapter 3

관계 기술
(Relation Skill)

멘토링에서 관계 형성은 절대 빠져서는 안 되는 핵심요소이다. 즉 남에게 좋은 영향을 미치려는 사람에게 반드시 필요하다. 남을 위한 항해란 잠시 함께 여행을 해주면서 삶의 장애물을 극복할 수 있도록 돕는 것이다. 하지만 관계 형성이란 상호 유익을 위해 멘제를 자신의 여행에 끌어들이는 것이다.

멘제를 여러분의 여행으로 끌어들이기 전에도 이와 비슷한 일이 벌어진다. 즉 목적지를 확인하고 멘제에게 다가가서 관계를 맺는 것이다. 이 일을 성공적으로 마무리하면 서로의 관계가 더욱 깊어진다. 아울러 멘제를 한 단계 더 발전시킬 수 있다. 기억하라. 한 단계 발전하는 길은 항상 오르막길이므로 멘제에게는 멘토의 도움이 꼭 필요하다.

주제 1. 관계 촉진기술(Relation Skill)

인간관계란? 상호작용하며, 감정적이고 주관적인 것이다. 때문에 상호작용을 촉진시키고 관계를 잘 아는 방법으로서 칭찬과 인정, 지지, 격려는 매우 효과적일 때가 많다.

상대방에 대한 관심이 없으면 칭찬은 하기 어렵게 된다. 또한 표현해서 알려주지 않으면 영향을 미치지 못한다. 부부나 부자, 모녀관계에서도 상대방에 대한 관심을 표명해 주지 않을 때 섭섭함과 야속함을 느끼게 된다.

1. 인간관계의 중요성

1) 인간은 관계적 존재다
가. 인간은 너와 나의 관계 속에서 살아간다.
나. 인간은 다원적 관계의 그물 속에서 살아간다.
다. 산다는 것은 관계하는 것이다.

2) 인간은 사회적 존재다.

가. 인생에 있어서 관계처럼 중요한 것은 없다.

나. 인생, 즉 관계다.

3) 인간은 간적(間的) 존재다.

가. 인간은 사이 속에서 살아가는 존재다.

나. 우리는 간(間) 속에서 존재한다.

4) 좋은 관계의 형성은 인륜의 근본이다.

가. 너와 나의 관계를 건전하게, 화목하게, 행복하게 만들어야 한다.

나. 그렇게 하는 것이 윤리의 근본이다.

5) 대인관계 기술은 성공의 비결이다.

* 자기가 수립한 목표 달성에 실패한 원인조사 보고 *	
카네기 공대 보고	10,000명 중 15%: 능력부족 85%: 인간관계의 결함
하버드 대학교의 조사 보고	10,000명 중 10%: 능력부족 90%: 인간관계의 결함
Dr. A.E.Wiggan의 보고	10,000명 중 10%: 능력부족 90%: 인간관계의 결함

2. 바람직한 인간관계 형성단계

바람직한 인간관계는 하루아침에 이루어지는 것은 아니다. 또한 일정한 단계를 밟아 형성된다. 마치 계단에 오르듯이 다음과 같은 단계를 거쳐서 형성된다.

1) 만남의 단계(관심의 단계)

가. 어진 마음으로 만나다.

어진 마음은 근본적으로 두 사람 또는 그 이상의 사람들이 모여 사는 곳에 반드시 있어야 할 윤리규범이다. 인(仁)이 없는 곳은 마치 살벌한 맹수들의 세계와 같다.

공자는 공(恭), 관(寬), 신(信), 민(敏), 혜(蕙) 주1)를 천하에 능히 행하는 자는 가히 인(仁)을 행하는 사람이라고 설파하였다.

나. 성실 유능은 발전하는 인간관계의 초석이다.

성(誠)은 언(言)과 성(成)이 합해서 이루어진 것이다. 말한 바를 이루어지도록 행동하는 것이 참다운 유능을 낳는다. 현대 사회는 성실하고 유능한 일꾼을 찾는다. 유능하나 불성실하다면 조직사회에 해충과 같은 존재가 된다.

다. 겸손은 인간관계의 미덕이다.

남이 나의 장점이나 재능을 추켜 주면 머리를 한 번 수그리고 두 번 추켜 주면 두 번 수그려야 한다. 사람은 시기심, 질투심을 갖기 일쑤여서 모처럼 다른 사람의 장점을 추켜 주다가도 자만심을 발견하면 그 장점 자체를 미워하게 된다. 겸손을 모르는 사람은 자기를 과대평가하게 되는 경향이 있다.

라. 인사는 인간관계의 시발점이다.

인사는 타인과 더불어 맺는 인간관계의 교량 역할을 한다. 인사는 바둑처럼 인사를 받는 사람은 반드시 답례를 하게 되는데, 이때 인사를 먼저 한 사람 쪽으로 이끌리어 가게 되므로 선수를 잡는 사람에게 유리하게 될 수 있는 가능성이 있다.

마. 상대방에게 관심을 표명한다.

사람은 누구나 개인적, 가정적 사정이 모두 다르고 이상과 장래에 대한 희망이 다르고 취미와 특기가 다르다. 상대방의 이러한 특수 사정을 자세히 살피고 관심을 가질 때 그는 나에게 호감을 갖게 된다.

2) 칭찬의 3단계

1단계: 잘한 점을 구체적으로 이야기하라

2단계: 그것의 중요성 즉, 칭찬하는 이유를 설명하라.

3단계: 나의 느낌을 말하라.

3) 신뢰의 단계

가. 신뢰는 접착제이다.

신뢰는 나와 너를 하나로 묶어주는 접착제와 같은 것으로서 물과 공기처럼 평소에는 중요하게 느끼지 못하지만 한 번 신뢰에 금이 가면 그간 누려왔던 신뢰의 중요성을 절감하게 된다.

신뢰는 쌓기는 힘들고 허물어지기는 너무나도 쉽다. 신뢰를 농작물에 비유할 수 있다. 즉, 수확하기 위해서는 농작물에 물과 비료를 주고 많은 손길이 가야 한다. 마찬가지로 신뢰를 쌓기 위해서는 오랜 시간에 걸쳐 많은 크고 작은 상호작용이 필요하다.

　나. 신뢰 형성 방안

　　가) 예측 가능하고 때와 장소에 따라 변하지 않고 일관되게 안정적으로 행동해야 한다.

　　나) 정도에 따라 진실한 말과 행동을 하며 약속을 지켜야 한다.

　　(다) 자신의 이익보다 다른 사람의 안녕 상태에 관심을 표명하고 신경 써야 한다.

4) 사랑의 단계

　가. 사랑은 모든 인간관계를 아름답게 한다.

사랑은 본시 서로 위하고 아끼는 마음이다. 사랑에는 결코 거짓이 없고 악이 없으며 오직 진실과 아름다움이 있을 뿐이다.

　나. 상대방의 자존심을 상하게 하지 않는다.

자존심은 곧 생명이다. 그 누구도 나의 자존심을 상하게 하는 사람에게 호감을 가질 수 없고, 그에게 협조할 수 없는 것이다. 가까운 사람일수록 역시 자존심을 건드리지 않는 것이 현명하다.

5) 우리의 단계

　가. '나'와 '너'가 '우리'가 되기 위해서는 '나눔'이 있어야 한다.

'우리'의 성격에 따라 수준의 차이는 있겠으나 물질과 정신을 나누어야 한다. 물질보다 정신에 더 비중을 두어야 한다.

　나. 정신이란 기쁨과 슬픔을 함께하는 데서 비롯한다.

기쁨과 슬픔 중 슬픔을 함께한 사이가 더 끈끈한 '우리'가 되는 것이다.

   다. 각종 동기생 중 가장 끈끈한 동기생은 누구인가?

주제 2. 상담 촉진기술(Counseling Skill)

멘토링 활동하면서 모든 멘토들은 누구라도 '멘제 제일'이라는 모토를 내세운다. 이 신조가 멘토링에서 실제 행동으로 이어지느냐 아니면 말로만 그치느냐, 상담자인가 아닌가를 가르는 판단 기준이 된다. 카운슬러 역이 서툴다는 것은—즉 문제해결에 나서는 것이 너무 이르거나 너무 늦는 것, 혹은 멘제에게 너무 엄격하거나 지나치게 관대한 것, 상담을 단시간에 끝맺거나 까닭 없이 질질 끄는—이 모토가 체면용에 지나지 않음을 입증하는 것이다.

이제 멘토로서 상담스킬을 다룬다. 먼저 상담의 주제는 정서적인 내용이다. 즉 멘제의 마음, 감정, 사내외 삶, 인간관계 등에서 멘제의 요구를 경청하고 피드백을 주는 일이다. 멘토로서 카운슬러의 역할은 멘제가 마음껏 실력을 발휘하는 것을 가로막는 문제에 대해 검토하고 그 문제의 해결에 도움을 주는 것이다. 시간을 가지고 인내심을 지녀야 한다. 물론 더러는 30분만 들이면 해결할 수 있는 것도 있다. 정보부족이나 단순한 오해에서 비롯된 문제는 쉽게 풀린다. 그러나 훌륭한 기술을 가지고 있음에도 불구하고 팀플레이를 주저하는 멘제를 설득하여 다른 사람과 협력하도록 만들기 위해서는 며칠이나 몇 개월이 걸릴지도 모른다. 카운슬링이란 이러한 여러 가지 문제 상황을 해결해야 하는 '감초'인 것이다.

1. 멘토 상담학습 유래

1) 멘토링 Tutorial System 상담학습

멘토링은 전인 교육방법이다. 아니 교육이라기보다는 둘이서 삶을 나누는 것이 정답이다. 멘토링에서는 교육자나 경영자나 목회자이기 이전에 먼저 인격자로서 성숙을 원하는 것이다.

그러므로 멘토링의 내용(Contents)은 지(知)적과 정(情)적과 의(意)적인 서비스, 즉 인격적으로 멘토가 멘제에게 자신의 역량을 최대한 베푸는 삶이라고 볼 수 있다. 이러한 근거는 멘토링의 유래에서 당초 스승인 멘토(Mentor)가 왕자 텔레마코스와 20년 동안 생활 교육에서 찾아볼 수 있다. 바로 그 당시 교재로 사용했던 수학, 철학, 논리학이 무엇을 의미하는지 깊은 통찰이 있어야 한다. 수학=知, 철학=情, 논리학=意의 등식? 인격을 이해하는 데서부터 멘토링 학습은 출발한다.

참고로 멘토(Mentor)가 텔레마코스 왕자를 위해 특이한 1 : 1 Tutorial System 상담학습방법을 아래와 같이 열거한다.

- 멘토는 왕자와 대화식으로 교육을 하였다. - 대화식

- 멘토는 왕자와 열렬한 토론을 벌였다. - 토론식
- 멘토는 질문자이고 왕자는 대답하였다. - 문답식
- 멘토는 왕자와 동료처럼 거리를 좁혔다. - 동료식
- 멘토는 왕자에게 사물을 예로 들어 설명했다. - 예화식
- 멘토는 왕자에게 신처럼 아버지처럼 정답게 지냈다. - 정답게

멘토는 왕자가 완전한 인간 즉, 인격자, 용사, 지혜자, 왕으로서 성장하도록 그에게 맡겨진 임무를 완수하기 위해 온몸을 던져 완벽하게 수행했으며, 자신의 임무가 완료되었을 때에 미련 없이 떠나가는 아름다운 이야기에서 멘토링을 발견하게 되고 1 : 1 Tutorial System에 대한 상담학습 유래와 인재 개발 방법론 그리고 한 사람을 고품질의 인재로 성장시키는 최적의 시스템임을 알 수 있다.

Mentoring Tutorial System은 오늘날 1 : 1 상담학습이 가능한 교육 부분에 아름다운 사례를 갖고 있다. 교수와 학생의 관계에서 초중고교 선생님과 학생의 관계에서 감동적인 사례가 가끔 매스컴이나 잡지에 실리기도 하여 많은 사람에 감동을 주기도 한다. 왜냐하면 학교의 평준화 교육이나 기업의 집단 교육에서는 이러한 사례가 제도적으로 발생확률이 거의 불가능하기 때문이다. 먼저 전통 깊은 옥스퍼드대학의 사례를 소개한다.

2) 옥스퍼드대학(英)의 Tutorial System 사례

- 세계적인 명문 옥스퍼드대학의 차별화한 상담학습방법으로 Tutorial System을 수백 년 동안 운영하고 있다. 내용은 담당교수를 멘토로, 학생을 멘제로 하는 1 : 1 멘토링 상담학습방법이다. 매주 정한 날에 4시간씩 교수와 학생이 직접 1 : 1로 대면하여 학습 토론을 갖는 제

도로 이를 위해 학생은 일주일 내내 토론 주제에 맞는 자료를 구하여 공부하게 되고 당일 교수와 불꽃 튀는 토론으로 학습이 진행된다. 결국 공부의 열심은 한국의 고3을 연상케 되나 한국과 다른 점은 주입식 교육이 아니라 담당교수와 학생이 1:1의 상담 및 토론 방식이다. 세계의 명문 옥스퍼드대학의 Tutorial System이 타 대학과 차별화 교육으로 최고의 경쟁력을 갖고 있는 이유가 바로 여기에 있다고 볼 수 있다.

● 학습 엿보기＝지난해 11월 8일 오후 영국 옥스퍼드대 맨체스터 칼리지 본관 3층 철학과 맨더(37세) 교수실. 2학년 앤서니 군이 칸트 철학에 관해 맨더 교수와 1:1 토론 수업(Tutorial)을 하고 있었다. "데카르트의 자유인식에 대한 학생의 해석이 올바르다고 보는가?" "그렇습니다." "그 자유인식을 실존주의적 입장에서 해석해 보겠나?" "……." 금세 대답이 나오지 않자 맨더 교수는 "에세이가 부실하다."고 공박했다. 얼굴이 붉거진 앤서 군은 "이틀 밤을 샜다."고 항변했지만, "중요한 것은 시간의 양이 아니라 질"이라는 답변이 돌아왔다.

2. 멘토 상담학습의 차별화

현재 대부분의 조직들이 적합한 인재를 양성하기 위해 각종 교육·훈련 제도를 활용하고 있다. 실제로 많은 미국 기업들이 워크숍, 학점 이수 제도, 인터넷 교육, 사설기관에서의 업무교육 등 각종 교육·훈련에 연간 300백만 달러 이상을 투자하고 있다고 한다. 그러나 이러한 투자에도 불구하고 실질적인 효과를 거두는 기업은 그리 많지 않다. 한 연구조사에 의하면, 이러한 교육의 효과는 실제 투자되는 금액의 10%를 넘지 않는다고 한다.

물론, 우리 기업들의 경우도 예외는 아니다. 2002년 LG경제연구원이 조사한 바에 따르면, 교육·훈련 결과에 대한 우리 기업들의 반응은 양적·질적 측면에서 모두 만족스럽지 못한 것으로 나타났다. 즉, '교육·훈련 기회가 충분히 주어지는가?'라는 질문에는 22%만이 그렇다고 응답했으며, 39%는 그렇지 않다고 응답한 것으로 나타났다. 또한 '그러한 교육·훈련이 실제 업무수행에 도움이 되는가?'라는 질문에는 28%만이 긍정적인 대답을 한 것으로 나타났다.

위의 조사결과를 통해서도 알 수 있듯이, 지금까지의 교육·훈련제도는 여러 가지 한계점을 드러내고 있다. 따라서 향후 교육·훈련제도의 효과적인 개선을 위해서는 다음 과 같이 멘토 상담학습 네가지 측면을 고려할 필요가 있다.

① 멘토링은 수준별 상담학습

개개인의 니즈에 맞는 맞춤형(customized) 상담학습이 필요하다. 각기 다른 개성을 가진 사람들을 한곳에 모아놓고 실시하는 집단적인 교육은 비용이 적게 든다는 장점이 있는 반면, 개개인의 특성이나 학습욕구를 제대로 반영하지 못한다는 단점이 있는 것이 사실이다. 따라서 앞으로는 개별 특성을 최대한 반영할 수 있는 1:1 상담 및 학습 제공 방식 등으로 교육·훈련 방법이 개선되어야 한다.

② 멘토링은 자생적 상담학습

구성원 스스로 자기발전에 대한 필요성을 인식하고 상담학습 방향을 주도적으로 이끌어갈 수 있는 시스템을 갖추어야 한다. 교육내용과 일정 등을 회사가 일방적으로 정해서 사원들에게 통보하는 지금까지의 방식을 과감히 버리고, 개개인의 성장욕구와 업무량을 고려하여 멘토 / 멘제 스스로 학습내용과 방법을 선택하고 결정하도록 해야 한다.

③ 멘토링은 과정 중심의 상담학습

무엇보다 지속적인 교육이 이루어져야 한다. 즉, 정기적으로 시행하는 일회성 교육을 지양하고, 필요에 따라 교육의 양과 질을 적절히 결정할 수 있는 지속적인 교육을 시행해야 한다. 그래야만 교육결과를 실제 업무에 바로 적용할 수 있기 때문이다. 또한 반드시 교육·훈련에 대한 진척도와 효과를 수시로 확인해 보아야 한다.

④ 멘토링은 현장 중심의 상담학습

실제 업무현장과 연계된 상담학습이어야 한다. 개념적인 내용만을 전달하는 강의나, 매뉴얼 또는 교재에 의한 교육은 실제 경험의 질을 높일 수 없다.

맥킨지가 미국의 인재 개발 실무자를 대상으로 조사한 결과를 통해서도, 여러 인재육성 수단 가운데 집단교육의 스타일의 효과를 30% 정도, 일정 기간 동안 프로젝트식으로 참여하는 멘토링 효과를 90%로 효과가 높게 나타났다고 발표했다.

주제 3. 멘토 상담학습 스킬(Counseling Skill)

미국의 심리학자 아이비는 면접을 원활하게 진행하는 방법으로 5단계 구조를 제시하고 있다. 그 이론에 의하면 카운슬링은 자신감을 붙게 하고 일상 생활화하는 것을 목적으로 하고 있다.

따라서 실현 가능성이 높은 목표를 설정하고 실현성이 가장 높은 것에서부터 착수하는 게 효과적이라고 하겠다.

고민거리를 이야기하도록 하기 위해서는 멘제가 멘토에게 신뢰감을 가지고 있어야 면접이 쉬워질 것은 당연하다. 예를 들어 "마음 놓고 얘기해도 괜찮아요", "나는 당신 편이에요" 하는 메시지를 전하면서 신뢰 관계를 확립해야 한다.

상담을 의뢰받았을 때는 가능한 왜곡을 피하면서 상대방이 안고 있는 문제점을 정확하게 파악하려고 노력한다. 대략적인 상황 파악을 한 상태에서 자신감을 회복하기 위해 실현 가능한 범위 내에서 목표를 설정한다. 그런 다음 실현 가능성을 충분히 검토하고 가장 가능성이 높은 목표를 우선적으로 설정하여 실행에 옮긴다.

이러한 실적을 더욱 확대하여 자신감을 높여가면서 그 자신감을 일상 업무 속으로 끌어들여야 하는데, 이때 조금씩 자신감을 회복하도록 독려하고 끈기 있게 실현하도록 옆에서 도와주는 것이 카운슬링의 기본 임무이다.

실무에 있어서는 실패 경험이 있는 사람이 행동을 신중하게 하는 경향이 있는데, 이 경우에도 이 카운슬링 방법이 효과적이며 조금씩 자신감을 붙여 가는 것이 기본 임무이다. 어쨌든 상대방의 상황과 과거의 쓰라린 경험에 대한 응어리를 풀어주려는 노력이 대단히 중요하다.

① 신뢰관계 형성	● 어때, 잘되어 가나?
⇩	
② 정보수집	● 좀 더 구체적으로 얘기해 줄 텐가?
⇩	
③ 목표설정	● 앞으로 어떻게 개선해 갈 생각인가?
⇩	
④ 가능한 선택안에 대한 탐구	● 내일은 무슨 일부터 시작할 생각인가?
⇩	
⑤ 일반화와 전이(轉移)	● 우선 가능한 일부터 시작하자고!

1. 마이크로 카운슬링 원리

미국의 심리학자 아이비는 기존의 카운슬링 기법을 세분화하여 경청기법(傾聽技法)에서부터 능동적 기법(能動的技法)까지 모두 14계층으로 분류하고 각각의 계층을 상황에 따라 구분하여 활용하는 기법을 개발했다. 이 기법은 상대방의 상황을 잘 관찰하여 그때그때의 상황에 맞게 대응함으로써 보다 효과적인 카운슬링을 할 수 있다는 생각이다.

① 스스로 움직일 수 없는 중상자(重傷者)
스스로의 판단력이나 의욕을 잃어버린 상황이기 때문에 적극기법 중의 지시활동을 중심으로 문제를 해결해 나가야 한다.
② 자신에 대한 해결책을 스스로 제시하고 실행할 능력이 없는 사람
경청기법으로 그 상황을 파악하면서 적극기법으로 지도를 한다.
③ 옆에서 도와주면 움직일 수 있는 사람
경청기법을 중심으로 스스로 해결할 수 있도록 철저하게 지원해 주되 이 경우에는 지시 활동보다는 자립을 목표로 한 지원 활동이 중심이 된다.
④ 자발성(自發性)과 유연성이 아직 남아 있는 사람
자립을 목표로 삼아 경청기법으로 필요한 만큼만 지원 활동을 해주고 본인의 자발성을 확대시켜 자신감을 되찾도록 독려함으로써 완전히 정상적인 상태로 회복하도록 한다. 어쨌든 이 시기에는 강제적으로 시키는 것은 피해야 하며 가급적 본인의 자주성에 맡기는 것이 중요하다.

2. 상담심리 스킬 개요

멘토의 상담심리 스킬이란 주로 사회나 기업에서 멘제 자신의 입장과 역할, 아이덴티티(Identity: 자신의 존재, 정체성)에 대한 이해를

향상시키고 보다 성숙한 인간으로 성장하는 것을 독려할 목적으로 하는 기법이다.

상담심리 스킬에는 멘제의 정신적·심리적 건강 증진을 목적으로 한 멘토의 지원행동도 포함되어 있으며 이러한 목적을 달성하기 위해 멘토는 다음과 같이 행동한다.

① 역할 모델(Role Model) 스킬

멘제에게 필요한, 적절하고 어울리는 태도나 가치관을 몸에 익히도록 하기 위해서, 멘토가 역할 모델을 몸으로 보여주는 것이다.

② 포용과 확인 스킬(어떠한 상황에 처한 멘제라도 따뜻하게 받아들임)

멘토가 멘제를 한 사람의 인간으로 존중하고 멘제에게 무조건적으로 긍정적인 관심을 가지고 있다는 것을 알리는 행동이다.

③ 카운슬링 스킬(부모 입장에서 상담에 나섬)

멘제의 정신적·심리적 스트레스를 덜어주기 위해 멘제가 일을 하면서 직면하는 다양한 걱정거리를 멘제에게 털어놓고 얘기할 수 있는 분위기와 기회를 제공하는 행동이다.

④ 우호 스킬(같은 인간으로서 자연스러운 지원 관계)

멘토와 멘제 사이에 우정과 신뢰에 바탕을 둔 비공개적인 멘토링 관계를 구축할 수 있도록 하는 행동이다.

3. 카운슬러가 삼가야 할 일

카운슬러는 자신의 본분을 지키고 그것을 넘어서는 행위는 삼가야한다. 다음과 같은 행동이나 사고방식은 카운슬러에게 허용되지 않는다.

- 정신과 의사인 양 치료를 한다.
- 한 번만의 의논으로 끝마치려 한다.
- 아무 준비도 하지 않은 채 형편에 따라 적당히 의논에 임한다.
- 상대방을 나무란다.
- 개인적인 문제에만 흥미를 갖는다.
- 멘제의 문제는 인사팀의 책임이며, 자신은 관계없다는 태도를 취한다.
- 멘제의 과거를 낱낱이 조사할 기회라고 생각한다.
- 일방적으로 설교한다.
- 의논을 사무적으로 재빨리 끝내려 한다.
- 이 기회에 멘제가 안고 있는 문제를 전부 한꺼번에 해결해 버리려고 한다.

4. 뛰어난 카운슬러의 특징

- 가벼운 마음으로 이야기할 수 있게 한다.
- 상대방이 하는 말을 잘 듣는다.

- 멘제가 문제를 해결할 수 있도록 돕지만, 필요 이상으로 멘제의 행동을 억제하지 않는다.
- 문제에 관하여 의논하고 있을 때 공감을 표시한다.
- 멘제가 감정적이 되어 이성을 잃더라도 그것을 대범하게 보는 관대함을 갖는다.
- 자신감을 잃지 않는다.
- 멘제가 도움을 필요로 하고 있음을 곧 알아차린다.
- 멘제가 성공하는 것을 바라고 있다.
- 멘제의 자존심과 자신감을 키우려고 노력한다.
- 멘제가 하고 싶은 말을 열심히 들어준다. 자신이 듣고 싶어 하는 것에만 귀를 기울이지 않는다.
- 멘제를 존중한다.
- 차분히 시간을 들여 이야기한다.
- 멘제의 사고방식을 받아들일 수 있어야 한다.
- 멘제를 위하여 온 정성을 기울인다.
- 다시 한 번 시도할 기회를 부여한다.

멘토가 멘제를 진심으로 존중하고 있는지는 멘제가 카운슬러 역할을 얼마나 기쁘게 수행하고 있는가로 판단할 수 있다. 왜냐하면 카운슬링을 하기 위해서는 멘토의 상당한 노력과 더러는 희생이 요구되기 때문이다.

상담할 문제들은 모두 인간에게서 출발하고 있다. 그럼에도 불구하고 문제의 원인인 멘제와 직접 의논하고자 애쓰는 멘토는 그리 많지 않다. 그러하기 때문에 좀 어려운 문제일수록 지연되고 있다. 상담을 경시하고 적당히 얼렁뚱땅 넘어가는 멘토도 있다. 이는 근무평가에는 오점이 남지 않기 때문이다.

"어이구, 죄송합니다. 조금 늦었습니다."라는 변명은 훌륭한 상담자에게서 절대로 나와서는 안 된다.

멘토가 멘제에게 상담을 위한 시간을 낸다는 것은 멘제를 존중한다는 것이다. 존중이 신뢰를 가져오고 신뢰가 또 주인 정신을 유발한다.

주제 4. 토론 촉진기술(Talking Skill)

멘토/멘제 미팅 현장은 서로 삶이 다른 두 사람이 조직의 방침에 의해서 우선 의무적으로 만남이 이루어지게 된다. 그러다 보면 서로 다른 성격, 가치관, 업무 등 갈등이 유발될 소지가 있다. 이런 점을 감안하여 아래 25가지를 사전 토론을 거쳐 공통점을 찾아야 한다. 특히 멘토가 상호간 금전거래 문제, 과다 선물문제 등 의견을 조율하고 특히 이성 간 감정문제, 질병에서 의사처럼 말하는 것은 처음부터 조심스럽게 접근해야한다.

참고: 다음은 멘토와 멘제가 활동하면서 의견 충돌할 수 있는 상황이다. 3가지 중 가장 좋은 답 한 개를 선택하라. 정답은 멘토/멘제의 상황에 따라 달라질 수도 있기 때문에 두 사람이 선택권과 결정권이 있다.

NO	토 론 주 제	선 택
1	두 주 동안 멘제가 남긴 다섯 건의 메시지에 멘토가 아무런 응답이 없다. 1 멘제는 계속 메시지를 남기고 아무 말도 해서는 안 된다. 2 멘제는 포기하고 다른 멘토를 찾아가야 한다. 3 멘제는 계속 노력하여 접촉이 되었을 때는 관심을 표명해야 한다.	
2	멘제가 약속을 어기고 해명하는 전화도 안 한다. 1 멘토는 관계를 끊어야 한다. 2 멘토는 또 약속을 하고 만났을 때에는 관심을 표명해야 한다. 3 멘토는 가능한 빨리 전화를 하여 관심을 표명해야 한다.	
3	멘토가 멘제와 로맨틱한 관계를 맺고 싶다고 암시한다. 1 멘제는 기분은 좋지만 그런 식의 관계는 싫다고 말해야 한다. 2 멘제는 대화 소재를 바꾸고 그 말을 무시해야 한다. 3 멘제는 그런 가능성에 관심을 갖는 이유를 물어보아야 한다.	
4	멘토가 멘제와의 약속을 어기고 해명하는 전화도 안 한다. 1 멘제는 가능한 빨리 멘토에게 전화하여 무슨 일인지 알아보고 다시 약속해야 한다. 2 멘제는 멘토가 전화하기를 기다려야 한다. 3 멘제는 멘토가 중요한 이유가 있다고 추측하고 아무 말도 해서는 안 된다.	
5	멘제가 멘토에게 비싼 선물을 사준다. 1 멘토는 짧은 글로 감사해야 한다. 2 멘토는 선물을 거절하고 부당성을 지적해야 한다. 3 멘토는 멘제와 상황을 토의하고 멘제에게 선물을 되돌려주려고 힘껏 노력하지만 멘제가 고집하면 한 번은 받는다.	

NO	토 론 주 제	선 택
6	첫 만남에서 멘제가 멘토와 그의 가족을 방문하겠다고 요구한다. 1 멘토는 멘제 아이디어에 감사하고 미래에 가능하다고 말해야 한다. 2 멘토는 동의하고 가능한 가장 빠른 날에 멘제를 초대해야 한다. 3 멘토는 이런 일은 멘토링 관계에서는 적절한 일이 아니라고 말해야 한다.	
7	멘토가 멘제의 필요와 상관없는 충고를 한다. 1 멘제는 멘토에게 이 충고가 상관없다고 멘토에게 알려야 한다. 2 멘제는 그 충고를 따라야 한다. 3 멘제는 멘토에게 감사하고 의사 결정할 때 고려하겠다고 말해야 한다.	
8	다른 동료들이 멘토가 멘제를 돌보는 일에 질투를 나타낸다. 1 이런 상황이 일어날 것이므로 멘토는 무시해야 한다. 2 멘토는 경청하고 멘토링 관계의 목적을 설명하고 그들도 멘토링을 하도록 설득한다. 3 멘토는 그 멘제와 멘토링하는 이유를 설명해야 한다. 그리고 그들과 멘토링하지 않는 이유도 설명해야 한다.	
9	멘토가 멘제의 동료들 앞에서 멘제를 심하게 비판한다. 1 멘제는 그들에게 힘과 능력이 있다는 것을 과시하기 위해 자신을 변호해야 한다. 2 멘제는 그 사건을 견뎌내고 나서 후에 멘토를 상대한다. 3 멘제는 그것을 학습 경험으로 삼는다.	
10	첫 번째 만남에서 멘제가 멘토와 주제에 관해 견해가 다르다. 1 멘제는 마치 견해에 동의하는 것처럼 행동해야 한다. 2 멘제는 멘토에게 무엇이 잘못인지 알게 해야 한다. 3 멘제는 나중까지 논평을 보류한다.	

NO	토 론 주 제	선 택
11	멘제가 행동윤리에서 멘토와 의견이 다르다. 1 멘제는 아무 말도 해서는 안 된다. 2 멘제는 자신의 상사에게 보고해야 한다. 3 멘제는 상사에게 가기 전에 멘토와 대면하여 이야기해야 한다.	
12	멘토가 새로운 멘제에게 개인적인 일을 요청한다(예를 들면 가족을 위해 잡화점 쇼핑을 하게 된다.). 1 멘제는 즐겁게 그 일을 해야 한다. 2 멘제는 이런 일은 좀 이상하다고 지적하고, 멘토가 바쁘다면 이번만은 기꺼이 하겠다고 한다. 3 멘제는 그 일을 하면서 몸짓으로 부당함을 나타내야 한다.	
13	3개월 경과 후에 멘토는 멘제가 목표 달성에는 관심이 없고 오직 담소하기나 신변 이야기만 하기를 원한다고 결론을 내린다. 1 멘토는 담소도 멘토링에서 중요하므로 계속해야 한다. 2 멘토는 관계를 끝내고 이유를 설명해야 한다. 3 멘토는 멘제의 상황에 대처하여, 목표지향적인 활동을 지적해 주고, 행동 변화를 위한 최종 목표일을 정한다.	
14	멘제가 멘토에게 이성적으로 매력을 느낀다. 1 멘제는 멘토에게 그런 감정을 표현해서는 안 된다. 2 멘제는 멘토에게 그런 감정을 말해야 한다. 3 멘제는 자기 배우자에게 그런 감정에 대해 얘기해야 한다.	
15	멘제가 멘토를 점심에 초대하고 계산서가 나왔다. 1 멘토가 계산해야 한다. 2 멘제가 계산해야 한다. 3 둘 다 기다리면서 누가 내는지 봐야 한다.	

NO	토 론 주 제	선 택
16	**멘제의 직속상사가 멘제에게 멘토를 심하게 비판한다.** 1 멘제는 직속상사가 말한 것을 멘토에게 말해야 한다. 2 멘제는 직속상사에게 알려줘서 고맙다고 하고 그것으로 끝내야 한다. 3 멘제는 직속상사에게 그런 비평을 듣지 않겠다고 말해야 한다.	
17	**멘제가 멘토에게 심각한 개인문제(정신질환 등)도 털어놓기 시작한다.** 1 멘토는 그런 문제를 멘제에게 상담해 주려고 노력해야 한다. 2 멘토는 자신의 개인문제를 멘제와 공유함으로써 응수해야 한다. 3 멘토는 멘제에게 전문적인 도움을 받아야 한다고 제의해야 한다.	
18	**멘토가 멘제에게 심각한 개인문제(정신질환 등)도 털어놓기 시작한다.** 1 멘제는 그런 문제를 멘토에게 상담해 주려고 노력해야 한다. 2 멘제는 자신의 개인문제를 멘토와 공유함으로써 응수해야 한다. 3 멘제는 멘토에게 전문적인 도움을 받아야 한다고 제의해야 한다.	
19	**대화할 때 멘토가 자주 멘제의 말을 가로막는다.** 1 그것은 멘토의 스타일이므로 멘제는 그냥 내버려 두어야 한다. 2 멘제는 그런 행동을 건의하고 대안을 토의해야 한다. 3 멘제는 멘토의 상사에게 그런 행동을 지적해 달라고 요청한다.	

NO	토 론 주 제	선 택
20	대화할 때 멘제가 자주 멘토의 말을 가로막는다. 1 그것은 멘제의 스타일이므로 멘토는 그냥 내버려 두어야 한다. 2 멘토는 그런 행동을 건의하고 대안을 토의해야 한다. 3 멘토는 멘제의 상사에게 그런 행동을 지적해 달라고 요청한다.	
21	첫 번째 만남에서 멘제가 멘토에게 자신의 경력에 도움이 되기 위한 목적으로 자신을 멘토의 중요한 동료나 친구에게 소개시켜 달라고 요구한다. 1 멘토는 그것이 멘토링의 부분이므로 '예'라고 대답해야 한다. 2 멘토는 지나친 요구라고 거절해야 한다. 3 멘토는 그것이 미래에나 가능한 일이라고 말해야 한다.	
22	멘제가 멘토와의 미팅에 세 번씩이나 늦게 왔다. 1 멘토는 새로운 멘제로 바꾼다. 2 멘토는 멘제와 대면하여 사유를 파악한다. 3 멘토는 다음 세 번의 미팅에 늦게 와야 한다.	
23	멘제가 멘토와의 미팅에서 갑자기 울음을 터뜨린다. 1 멘토가 멘제를 끌어안아야 한다. 2 멘토는 미팅을 중단하고 멘제에게 귀가하라고 해야 한다. 3 멘토는 얘기를 듣고 우는 이유를 물어본다.	
24	멘제가 멘토에게 직속상사의 아주 개인적인 일들을 말하기 시작한다. 1 멘토는 이것이 미래를 위한 계획에 도움이 되므로 잘 들어야 한다. 2 멘토는 이것이 둘이서 의논하기에 부적합하다고 제의해야 한다. 3 멘토는 자기가 직속상사에 대해 아는 것을 더해야 한다.	

NO	토 론 주 제	선 택
25	멘토가 멘제의 생일이 다음 주라는 것을 안다. 1 멘토는 그 일을 모르는 체한다. 2 멘토는 전화하거나 카드를 보내야 한다. 3 멘토는 멘제에 선물을 사서 줘야 한다.	

Chapter 4

미팅기술
(Meeting Skill)

멘토링 활동에서 멘토와 멘제가 가장 부담스러워하는 것이 미팅 때 다룰 소재와 진행방법이다. 대부분 업체에서 멘토링을 도입한 후 이 미팅에 프로그램 지원을 하지 못하기 때문에 사실 방치상태로 되어 처음은 있고 끝은 없는 비생산적인 멘토링이 되는 것이다. 여기에 소개하는 미팅소재 지수 개발기술은 멘토링 활동에서 가장 필요로 하는 인간성장을 목적으로 한 인생설계 기술이다.

주제 1. 미팅데이 시나리오

멘토와 멘제는 주어진 기간 멘토링 활동에서 성공률을 높이기 위하여 미팅 주기를 습관화하는 것이 무엇보다도 중요하다. 특히 각 조직에서 CEO의 결재를 얻어 일정 일시를 '멘토링 데이'로 선포하는 것이 더욱 바람직하다(예: 매주 목요일 1시간 등).

그다음에는 주기적으로 미팅시간이 주 1회나 월간 2~3회 등으로 이뤄지게 되는데 이때 미팅시간을 효율적으로 나누기 위하여 아래 내용으로 진행순서를 모델로 정하여 선보인다.

특별히 유의할 것은 미팅 시간이 1시간이 될 수도 있지만 별도 야외친목교제를 나눌 경우는 하루도 될 수 있음을 알아야 한다.

멘토 / 멘제가 미팅 당일에 당황하거나 부담되지 않게 이 진행 시나리오를 사전에 학습해 두면 크게 도움이 될 것이다.

Step1 Welcoming – 환영해요
새로운 환경 속으로 들어오는 한 사람 멘제를 위해 멘토인 당신이 매번 만남(Meeting)에서 마음의 문을 열고 환영해 줄 수 있는 방법을 찾으라. - Ice Breaking!

멘토는 이렇게 말하지 않는다. "겨우 한 사람을 위해서?" "일개 사원을 위해서?"

『Hint - Ice Breaking 소재』

1 나의 좌우명은?

2 내가 가장 존경하는 한 사람은?

3 다른 사람이 모르는 내 모습 한 가지는?

4 가장 기억나는 친구 스승 선배 친척은?

5 내 인생에서 가장 기쁜 때와 사건은?

6 내 인생에서 가장 슬플 때와 사건은?

7 가족 중에서 나를 가장 많이 닮은 사람은?

8 가장 오랫동안 잠 못 이루지 못한 때와 사건은?

『첫 만남 즐거운 대화 10Tip』

1. 밝은 주제를 가지고 이야기를 나눈다.

2. 환한 미소를 주고받는다.

3. 삶에 도움이 되는 이야기를 나눈다.

4. 대화를 나눌 때 의견이 활발히 오고 가야 한다.

5. 자기의 의견만 고집하지 않는다.

6. 솔직하게 의사 표시를 한다.

7. 긍정적으로 맞장구를 친다.

8. 칭찬할 일이 있으면 기쁜 마음으로 칭찬을 한다.

9. 같은 말을 지루하게 반복하지 않는다.

10. 공감할 수 있는 대화를 나눈다.

Step 2 Counseling(멘제의 질문하기 – 멘제의 시간)

미팅의 두 번째 단계는 첫 단계에서 상호간 마음의 문이 열린 상태에서 진행한다. 상담 단계는 그동안 멘제의 질문을 비롯하여 멘토에게 상담할 내용을 멘제가 사전에 준비해서 거리낌 없이 이야기를 나누는 것이다. 바로 동생이 형님한테 자연스럽게 대하는 태도다. 멘토는 우선적으로 경청 자세로 진지한 모습을 보여준다.

* 멘토는 신뢰로, 멘제는 존경으로 상호간 한마음!

멘토는 이렇게 말하지 않는다. "멘제여 내가 먼저 이야기할게" "그 다음 순서 말하라고"

멘제는 항상 먼저 말하고 질문하고 멘토는 항시 경청 후 답변해 주고 상담해 준다.

『Hint – 상담 및 질문소재』

▶직장에 대한 이야기

▶업무에 관한 이야기

▶전문 및 교양도서 독후감

▶핵심기술 지식 노하우 이야기

▶사회 활동 및 동우회 이야기

▶종교 등 신앙이야기

▶가정(부모, 부부, 자녀 등) 이야기

▶학습 세미나 자격증에 관한 이야기

▶건강(신체와 정신 등) 이야기

▶문화 취미 특기 생활 이야기

▶자기관리에 관한 이야기

Step 3 Teaching(멘토 답변하기 - 멘토의 시간)

미팅의 세 번째 단계는 두 번째 단계에서 멘토가 경청한 후 답변해 주고 상담해 주고 그리고 그동안 준비한 업무, 기술, 지적, 주요 정보 등을 챙겨서 전한다.

* 멘제의 마음은 멘토의 가슴으로 통한다.

멘토는 이렇게 말하지 않는다. "나의 핵심기술은 줄 수 없어" "멘제여 당신도 나만큼 고생해야 얻을 수 있는 것이야"

멘제의 인재 개발은 멘토의 핵심 기술이나 가장 귀한 자료를 나눔 여부에 달려 있다.

『Hint - 멘토의 경청과 포용력』

- 가벼운 마음으로 이야기할 수 있게 한다.
- 상대방이 하는 말을 잘 듣는다.
- 멘제가 문제를 해결할 수 있도록 돕지만, 필요 이상으로 멘제의 행동을 억제하지 않는다.
- 문제에 관하여 의논하고 있을 때 공감을 표시한다.
- 멘제가 감정적이 되어 이성을 잃더라도 그것을 대범하게 보는 관대함을 갖는다.
- 자신감을 잃지 않는다.
- 멘제가 도움을 필요로 하고 있음을 곧 알아차린다.
- 멘제가 성공하는 것을 바라고 있다.
- 멘제의 자존심과 자신감을 키우려고 노력한다.
- 멘제가 하고 싶은 말을 열심히 들어준다. 자신이 듣고 싶어 하는 것에만 귀를 기울이지 않는다.

- 멘제의 인격을 존중한다.
- 차분히 시간을 들여 이야기한다.
- 멘제의 사고방식을 받아들일 수 있어야 한다.
- 멘제를 위하여 온 정성을 기울인다.
- 다시 한번 시도할 기회를 부여한다.

Step 4 Freetalking(미팅소재 개발 토론하기)

미팅의 네 번째 단계는 두 번째와 세 번째 단계에서 멘토/멘제가 상호간 의사소통과 열린 마음 상태로 준비되었으므로 이제 자생력 개발 및 인간성장을 위한 14가지 미팅소재 개발을 주제로 목표 달성을 위한 토론을 갖는다.

* 멘토는 조언자이고 멘제는 결정권자다.

멘토는 이렇게 말하지 않는다. "시간이 없어. 내가 결론지을게" "다음에는 좀 더 잘 준비해서 요점만 말하라고"

멘토링의 목적은 멘제를 멘토와 같은 인격적인 리더로 재생산하는 것이다. 멘토보다 더 훌륭하게 키우는 것이 선(善)순환의 인재 개발 이다.

『Hint-미팅소재-14』

아래 미팅 소재를 가지고 지난주간 실천사항을 점검하고 앞으로 활동 목표를 정하고 Brain Game으로 실천카드를 작성한다.

주제1 - 멘토/멘제가 리더로서 적합성 Compatibility 점수는?

1) 자질테스트
2) 역할테스트

3) 자생력테스트

주제2 - 멘토 / 멘제의 인간성(인격) Humanity 점수는?

4) 마음테스트

5) 지식테스트

6) 건강테스트

7) 의지테스트

8) 관계테스트

주제3 - 멘토 / 멘제가 생산성 Productivity에 기여 점수는?

9) 경영이해테스트

10) 업무숙달테스트

11) SWOT테스트

주제4 - 멘토 / 멘제가 장래성 Futurity 설계 점수는?

12) 가정영역테스트

13) 직업영영테스트

14) 경제영역테스트

Step 5 Coaching(친목교제 나누기)

미팅의 네 번째 단계까지는 주로 실내에서 이뤄졌지만 멘토링에서 코칭은 일반적인 업무코칭과 달리 주로 야외에서 상호간 친목교제를 말한다. 구체적으로 식사, 영화, 오락, 취미, 운동, 등산, 가정방문 등 정서적 분야를 개발하는 시간이다. 1시간 또는 경우에 따라 온종일도 걸릴 수 있다.

* 멘토와 멘제는 정신적 부문에서는 부부와 같이 일체다.

멘토는 이렇게 말하지 않는다. "회사 출장 때문에 여기서 끝내자고" "활동비를 줄 테니 혼자 식사하고 돌아가게"

아름다운 동행! 멘토링은 결코 업무처리식으로는 성과를 낼 수 없다. 잭 웰치 회장처럼 멘제를 위해 칭찬, 가치인정, 사랑, 키스, 포옹으로 정서적 면에 우선해야 한다.

『Hint - 친목활동 소재』

1 개인활동 - 멘토 / 멘제 정기 미팅 시 개인활동 소재

스포츠활동 - 테니스, 골프, 농구, 탁구, 마라톤, 조깅 등

친목활동 - 게임, 특식 먹기, 경기장 참가

학습활동 - 전공연구 및 세미나, 자격증취득, 교양 및 전문독서

가정방문 - 경조사, 위문, 축하, 병문안

봉사활동 - 불우이웃 돕기, 양로원, 고아원

문화활동 - 콘서트, 영화, 음악 / 미술감상, 서점 가기

취미활동 - 꽃꽂이 만들기, 새 기르기, 음식 만들기

2 그룹활동 - 멘토 / 멘제 계간 전체 모임, 그룹활동 소재

야유회 활동

등산활동

체육활동

봉사활동

장애인 돕기

농촌 돕기

해병대 병영체험

Step 6 Planning(다음 미팅 준비하기)

여섯 번째 단계는 오늘의 미팅을 마무리하면서 챙겨야 할 사항을 점검하는 단계다. 왜냐하면 다음의 미팅 시간을 알차게 진행하려면 앞으로 한 주간 준비를 잘해야 하기 때문이다. 먼저 4단계 토론단계에서 다음 주 활동 목표 계획서와 5단계에서 야외 친목활동에서 의논된 것을 챙기면 된다.

* 멘토링은 투자(In Put)에 의해 성과(Out Put) 있는 활동으로 이어져야 계속성을 유지할 수 있다.

멘토는 이렇게 말하지 않는다. "요즈음 회사일 때문에 마음이 복잡하니 멘토링은 대충 하자고" "체크하는 사람도 없으니 모이는 시늉 만 하자고"

조직에서 멘토링은 체계적인 프로그램이 요구되는 제도적 멘토링으로 활동해야 한다. 준비과정에서 계획과 프로그램을 제대로 설계한 후에 그 다음 도입과정, 활동과정, 평가과정으로 진행하면서 적정한 프로그램을 소화해야 성공률을 높일 수 있는 것이다.

『Hint-멘토링 활동 계획양식』

1 활동양식-멘토 / 멘제 정기 미팅 시 개인활동 계획서

  1) 다음 미팅활동 목표 달성을 위한 실천카드 작성 Sheet-Brain Game

  2) 수시로 야외 친목활동에 관한 분야 일정 장소 예산 등 계획서

2 행정양식-멘토링 활동에 필요한 행정양식

  1) 멘토 월간 보고서 작성 Sheet

  2) 미팅활동 여부 소감 설문도구 양식

  3) 활동비 정산 작성 Sheet

Step 7 Ending(종료하기)

오늘의 미팅 시간을 해피엔딩(Happy Ending)으로 장식하는 단계다. 미팅 시간은 물론 조직에서 할애한 시간이지만 멘토의 주관으로 하되 상호간 자율을 원칙으로 진행된다.

자율에는 책임이 따르듯이 이미 공인으로써 개인 인격개발 목표와 조직에서 주어진 생산성과 개발목표도 달성하고, 더 중요한 것은 멘토링을 통하여 멘토 / 멘제 상호간의 유익이 전제가 되어야 오래 지속할 수 있다.

* 멘토링은 부담이라기보다는 조직으로부터 인재 개발 자율권을 인정받고 활동하는 멘토 경영의 한 축이다 .

멘토는 이렇게 말하지 않는다. "회사에서 맡겼으니 내 체면을 봐서라도 잘해 보자고" "길지 않은 기간이니까 대과 없이 지내자고"

인지상정(人之常情)이라는 말이 있다 사람은 같이 지내다 보면 더욱 가까워지고 정도 들게 된다는 말이다. 처음은 서로 어색하지만 3개월을 알차게 보내면 정이 들게 되어 더욱 관계가 촉진된다.

『Hint-See You Again』

1 악수하고

2 Hugging하고

3 See You Again!

주제 2. 미팅 소재개발 기술

미팅활동에서 4개 주제(Theme)에 14가지 소재(Item)를 Workshop 형태로 테스트하여 인간성장 목표 지수를 업그레이드하는 것이 목적이다.

1 적합성(Compatibility) – 멘토(리더) 개발 적합성 테스트 점수는?
2 인간성(Humanity) – 인격개발 인간성 테스트 점수는?
3 생산성(Productivity) – 조직개발 생산성 테스트 점수는?
4 장래성(Futurity) – 생애설계 장래성(Futurity) 테스트 점수는?

* 미팅활동 목표지수 테스트 결과 집계표
집계요령: 12개월을 계간으로 테스트 결과 점수를 집계한다.
집계분석: 목표 소재별 20점 만점에 현재 득점과 나머지 목표점수
　　　　　를 의논한다.
상승률표: 각 소재마다 소계, 합계 상승률을 개인과 전체의 합계
　　　　　를 작성한다.

자료활용: 멘토링 활동평가에서 계간평가와 결과평가 자료로 활용
한다.
분임토의: 집계표 자료를 미팅 시마다 『Brain Game』으로 상향대
책을 마련한다.

인적사항 성명: 부서: 멘토( )   멘제(   )

번호	구분	12 목표 소재	만점	득점	목표	2차	3차	4차	비고
1	적합성 Compatibility	자질테스트	20						
2		역할테스트	20						
3		자생력테스트	20						
4	인간성 Humanity	마음테스트	20						
5		지식테스트	20						
6		건강테스트	20						
7		의지테스트	20						
8		관계테스트	20						
9	생산성 Productivity	경영이해테스트	20						
10		업무숙달테스트	20						
11		SWOT테스트	20						
12	장래성 Futurity	가정영역테스트	20						
13		직업영역테스트	20						
14		경제영역테스트	20						
합 계			280						

멘토링 적합성 Compatibility (1)

1. 자질지수 개발 Workshop - 멘토(리더)로서 자질이 적합한가?

조직에서 멘토 / 멘제로 선정되어 멘토링 활동을 개시하게 되는데 앞으로 리더(멘제는 멘토)로서 자질개발을 통해서 적합성을 평가해 보고 자질점수를 올리고자 하는 진단도구다. 각 설문에 2점 만점으로 하고 현재 테스트 단계에서 득점을 기록하고 2점에서 공제한 나머지 점수가 앞으로 자신의 자질개발 목표 점수가 된다. 첫 달을 기준으로 하여 3개월 단위로 테스트하는 것이 관리하기에 효과적이다.

유의할 사항은 절대 평가용으로 만든 설문도구이니만큼 상대나 타인을 전혀 의식할 필요는 없다. 멘토와 멘제가 성적이 뒤바뀔 수도 충분히 있는 것이다.

> 설문만점: 1개당(매우 좋다) - 2.0 - 1.5 - 1.0 - 0.5 - 0.0 - (매우 좋지 않다)
> 참고점수: 설문내용을 이해할 수 없을 때는 1점으로 계산한다.
> 현재득점: 설문 10개 합계점수
> 목표점수: 20점 민점 - 현재득점

번 호	1 자질(Self Quality) 개발 소재	점 수
1	나는 계속 배우려는 열망과 능력이 있다.	
2	나는 사람들에게 영향력을 가지고 있다.	
3	나는 전체적인 틀을 본다.	
4	나는 책임을 질 줄 안다.	
5	나는 다른 사람을 잘 이해한다.	
6	나는 긍정적인 변화를 유도한다.	
7	나는 교양 생활이 모범적이다.	
8	나는 다음에 무슨 일을 해야 할지를 잘 파악한다.	
9	나는 다른 사람을 인재 개발하는 능력이 있다.	
10	나는 다른 사람들에게 지도자로 인정받고 있다.	
소 계		

멘토링 적합성 Compatibility (2)

2. 역할지수 개발 Workshop 멘토(리더)로 역할이 적합한가?

조직에서 멘토 / 멘제로 선정되어 멘토링 활동을 개시하게 되는데 앞으로 멘토링 활동에서 역할개발을 통해서 리더로 적합성을 평가해 보고 역할점수를 올리고자 하는 진단도구다. 각 설문에 2점 만점으로 하고 현재 테스트 단계에서 득점을 기록하고 2점에서 공제한 나머지 점수가 앞으로 자신의 역할개발 목표 점수가 된다. 첫 달을 기준으로 하여 3개월 단위로 테스트하는 것이 관리하기에 효과적이다. 유의할 사항은 절대 평가용으로 만든 설문도구이니만큼 상대나 타인을 전혀 의식할 필요는 없다. 멘토와 멘제가 성적이 뒤바뀔 수도 충분히 있는 것이다.

설문만점: 1개당(매우 좋다) − 2.0 − 1.5 − 1.0 − 0.5 − 0.0 − (매우 좋지 않다)
참고점수: 설문내용을 이해할 수 없을 때는 1점으로 계산한다.
현재득점: 설문 10개 합계점수
목표점수: 20점 만점 − 현재득점

번호	역할	2 역할(Role) 개발소재	점수
1	교육	나는 멘제에 대하여 가르치기를 아주 좋아한다.	
2		나에게는 멘제에게 가르칠 수 있는 핵심 역량이 있다.	
3	상담	나는 멘제와 상담 시 내 의견보다는 먼저 경청을 잘한다.	
4		나는 평상시 멘제의 개인적인 건의에 관심을 갖고 해결에 노력한다.	
5	코치	나는 멘제와 평소 업무를 떠나 어울리기를 좋아한다	
6		나는 휴일이나 업무시간 외에 야외나 외식 등 친교 활동을 한다.	
7	후원	나는 멘제에게 칭찬 70% / 책망 30% 비율을 제대로 지킨다.	
8		나는 멘제를 우리 회사나 기타 조직에 추천한 적이 있다.	
9	조정	나는 멘제로부터 문제 해결 요청을 받을 때 최단 시간에 해결한다.	
10		나는 멘제의 업무, 보직, 부서배치 등에서 조정 요청에 해결해 준다.	
		소 계	

멘토링 적합성 Compatibility (3)

3. 자생력 지수 개발 Workshop 멘토(리더)로 자생력이 적합한가?

　조직에서 멘토/멘제로 선정되어 멘토링 활동을 개시하게 되는데 앞으로 멘토링 활동에서 자생력 개발 촉진을 통해서 리더로서 적합성을 평가해 보고 관계 점수를 올리고자 하는 진단도구다. 각 설문에 2점 만점으로 하고 현재 테스트 단계에서 득점을 기록하고 2점에서 공제한 나머지 점수가 앞으로 자신의 자생력 개발 목표 점수가 된다. 첫 달을 기준으로 하여 3개월 단위로 테스트하는 것이 관리하기에 효과적이다.

설문만점: 1개당(매우 좋다) - 2.0 - 1.5 - 1.0 - 0.5 - 0.0 - (매우 좋지 않다)
참고점수: 설문내용을 이해할 수 없을 때는 1점으로 계산한다.
현재득점: 설문 10개 합계점수 목표점수: 20점 만점 - 현재득점

번호	구분	3 자생력 (Selfscored) 개발소재	점수
1	소명의식	1. 멘제와 직장 체험 나누고 궁금해 하는 점을 설명해 준 적이 있다.	
2		2. 내가 속해 있는 회사에 만족하며 다른 이에게도 권할 의향이 있다.	
3		3. 회사의 구성원이 된 것에 감사하고 있으며, 멘토가 된 것도 나에게 주어진 사명이라고 생각한다.	

번호	구분	3 자생력 (Selfscored) 개발소재	점수
4	사명의식	4. 자신의 가족을 멘제에게 소개하고 식사를 함께한 적이 있다.	
5		5. 멘제의 애경사에 관심을 갖고 참석한다.	
6		6. 멘제에게 힘겨운 일이 생겼을 때, 나는 그가 찾아올 수 있는 평안한 사람이라고 생각한다.	
7		7. 멘제가 관심을 보이는 자선단체나 봉사활동에 대해 조언을 해줄 수 있을 정도의 지식을 갖고 있다.	
8	창의의식	8. 멘제가 최근에 했던 고민을 알고 있다.	
9		9. 멘제에게 학회 출판 자료나 전문서적 구입을 권한다.	
10		10. 가끔 회사 밖으로 나가서 그들과 함께 유익한 문화생활을 한다.	
		소 계	

멘토링 인간성 Humanity (1)

4. 마음지수 개발 Workshop
– 마음이 인격개발에 얼마나 영향을 주고 있는가?

조직에서 멘토 / 멘제로 선정되어 멘토링 활동을 개시하게 되는데 앞으로 멘토링 활동에서 정서개발을 통해서 리더로서 인격지수를 평가해 보고 정서점수를 올리고자 하는 진단도구다. 각 설문에 2점 만점으로 하고 현재 테스트 단계에서 득점을 기록하고 2점에서 공제한 나머지 점수가 앞으로 자신의 인격지수 개발 목표 점수가 된다. 첫 달을 기준으로 하여 3개월 단위로 테스트하는 것이 관리하기에 효과적이다.

설문만점: 1개당(매우 좋다) - 2.0 - 1.5 - 1.0 - 0.5 - 0.0 - (매우 좋지
　　　　　 않다)
참고점수: 설문내용을 이해할 수 없을 때는 1점으로 계산한다.
현재득점: 설문 10개 합계점수

번호	4 마음(Touch) 개발소재 – 감성적 부문	점수
1	나는 타인을 위해 가능한 넓게 포용력을 발휘하는 편이다.	
2	나는 이웃을 위해 구체적으로 헌신 봉사한 사례가 있다.	
3	나는 다른 사람과 다툼이 있을 때 먼저 화해를 청한다.	
4	나는 아름다운 음악을 들으며 그 느낌을 머릿속에 상상해 보곤 한다.	
5	내가 해야 할 일은 힘들고 하기 싫더라도 분명히 해낸다.	
6	다른 사람이 나를 비판할 때 화가 날지라도 그 원인을 곰곰이 찾아본다.	
7	나는 업무 외에도 악기나, 그림과 같은 특기나 취미를 한 가지 이상 가지고 있다.	
8	나는 타인을 책망하기보다는 칭찬을 더 많이 해주는 편이다.	
9	다른 사람이 훌륭한 일이나 좋은 성과(성적)를 거두었을 때 진심으로 축하해 준다.	
10	나는 교양서적과 명상에 관한 글을 자주 읽는 편이다.	
	소　　계	

목표점수: 20점 만점 – 현재득점

멘토링 인간성 Humanity (2)

5. 지식지수 개발 Workshop
- 지식이 인격개발에 얼마나 영향을 주고 있는가?

조직에서 멘토 / 멘제로 선정되어 멘토링 활동을 개시하게 되는데 앞으로 멘토링 활동에서 지식개발을 통해서 리더로서 인격지수를 평가해 보고 지식점수를 올리고자 하는 진단도구다. 각 설문에 2점 만점으로 하고 현재 테스트 단계에서 득점을 기록하고 2점에서 공제한 나머지 점수가 앞으로 자신의 지식개발 목표 점수가 된다. 첫 달을 기준으로 하여 3개월 단위로 테스트하는 것이 관리하기에 효과적이다. 유의할 사항은 절대 평가용으로 만든 설문도구이니만큼 상대나 타인을 전혀 의식할 필요는 없다. 멘토와 멘제가 성적이 뒤바뀔 수도 충분히 있는 것이다.

설문만점: 1개당(매우 좋다) - 2.0 - 1.5 - 1.0 - 0.5 - 0.0 - (매우 좋지 않다)
참고점수: 설문내용을 이해할 수 없을 때는 1점으로 계산한다.
현재늑점: 설분 10개 합계점수
목표점수: 20점 만점 - 현재득점

번호	5 지식 (HighTech) 개발소재 – 전문적 부문	점수
1	내가 소지했거나 준비 중인 자격증의 활용 가치는?	
2	내가 소지했거나 준비 중인 지적 재산권의 활용 가치는?	
3	내가 소지했거나 준비 중인 업무노하우의 활용 가치는?	
4	내가 취득했거나 준비 중인 학위의 활용 가치는?	
5	내가 취득했거나 다루고 있는 정보의 활용 가치는?	
6	내가 소지했거나 준비 중인 기술의 활용 가치는?	
7	나의 컴퓨터(인터넷 등) 실력을 업무에 활용 가치는?	
8	내가 다루는 업무에서 전문서적을 활용하는 정도는?	
9	나의 전문가가 되기 위한 자기개발 장단기 계획은?	
10	나의 외국인과 의사소통 수준은?	
	소 계	

멘토링 인간성 Humanity (3)

6. 건강지수 개발 Workshop
– 건강이 인격개발에 얼마나 영향을 주고 있는가?

조직에서 멘토 / 멘제로 선정되어 멘토링 활동을 개시하게 되는데 앞으로 멘토링 활동에서 건강개발을 통해서 리더로서 인간성을 평가해 보고 건강점수를 올리고자 하는 진단도구다. 각 설문에 2점 만점으로 하고 현재 테스트 단계에서 득점을 기록하고 2점에서 공제한 나머지 점수가 앞으로 자신의 건강개발 목표 점수가 된다. 첫 달을 기준으로 하여 3개월 단위로 테스트하는 것이 관리하기에 효과적이다. 유의할 사항은 절대 평가용으로 만든 설문도구이니만큼 상대나 타인을 전혀 의식할 필요는 없다. 멘토와 멘제가 성적이 뒤바뀔 수도 충분히 있는 것이다.

설문만점: 1개당(매우 좋다)－2.0－1.5－1.0－0.5－0.0－(매우 좋지 않다)
참고점수: 설문내용을 이해할 수 없을 때는 1점으로 계산한다.
현재득점: 설문 10개 합계점수
목표점수: 20점 만점－현재득점

번호	6 건강(Health) 개발소재	점수
1	나는 정기적으로 건강을 위해 운동을 한다.	
2	나는 정기적으로 건강 진단을 받는다.	
3	나의 체중과 신체는 균형을 이루고 있다.	
4	나의 기상시간과 취침시간은 일정하다.	
5	나는 과로 등을 피하면서 정상적인 근무시간을 유지한다.	
6	나는 의료보험증 사용 빈도가 높지 않다.	
7	나는 건강에 무리하지 않게 휴식을 취한다.	
8	나는 건강에 좋은 음식을 고를 수 있다.	
9	나는 정신 수양을 위해 명상의 시간을 갖는다.	
10	나는 회사나 가정 등에서 스트레스를 받으면 바로 풀려고 노력한다.	
	소　계	

멘토링 인간성 Humanity (4)

7. 관리(의지)지수 개발 Workshop
- 관리(의지)가 인격개발에 얼마나 영향을 주고 있는가?

조직에서 멘토/멘제로 선정되어 멘토링 활동을 개시하게 되는데 앞으로 멘토링 활동에서 의지력 개발을 통해서 리더로서 인격지수를 평가해 보고 의지점수를 올리고자 하는 진단도구다. 각 설문에 2점 만점으로 하고 현재 테스트 단계에서 득점을 기록하고 2점에서 공제한 나머지 점수가 앞으로 자신의 인격지수 개발 목표 점수가 된다. 첫 달을 기준으로 하여 3개월 단위로 테스트하는 것이 관리하기에 효과적이다. 유의할 사항은 절대 평가용으로 만든 설문도구이니만큼 상대나 타인을 전혀 의식할 필요는 없다. 멘토와 멘제가 성적이 뒤바뀔 수도 충분히 있는 것이다.

설문만점: 1개당(매우 좋다) - 2.0 - 1.5 - 1.0 - 0.5 - 0.0 - (매우 좋지 않다)
참고점수: 설문내용을 이해할 수 없을 때는 1점으로 계산한다.
현재득점: 설문 10개 합계점수
목표점수: 20점 만점 - 현재득점

번호	7 관리(Control – Will) 개발소재 – 윤리적 부문	점수
1	나는 선(善)과 악(惡)을 판단할 수 있는 능력이 얼마인가?	
2	나는 진리(眞理)와 허위(虛僞)를 판단할 수 있는 능력이 얼마인가?	
3	나는 상(賞)과 벌(罰)을 판단할 수 있는 능력이 얼마인가?	
4	나는 혈기(血氣)를 절제할 수 있는 능력이 얼마나 있는가?	
5	나는 식욕(食慾)을 절제할 수 있는 능력이 얼마나 있는가?	
6	나는 성욕(性慾)을 절제할 수 있는 능력이 얼마나 있는가?	
7	나는 오락(娛樂)을 절제할 수 있는 능력이 얼마나 있는가?	
8	나는 시간(時間)을 계획하고 그대로 지키고 있는가?	
9	나는 나의 수입(收入)과 지출(支出)에 균형을 맞추고 있는가?	
10	나는 나에게 주어진 물자에 대하여 절감 의식이 어느 정도인가?	
	소 계	

멘토링 인간성 Humanity (5)

8. 관계 지수 올리기 Workshop
– 인간관계가 인격개발에 얼마나 영향을 주고 있는가?

조직에서 멘토 / 멘제로 선정되어 멘토링 활동을 개시하게 되는데 앞으로 멘토링 활동에서 인간관계 촉진을 통해서 리더로서 인간성을 평가해 보고 관계 점수를 올리고자 하는 진단도구다. 각 설문에 2점 만점으로 하고 현재 테스트 단계에서 득점을 기록하고 2점에서 공제한 나머지 점수가 앞으로 자신의 인간관계 개발 목표 점수가 된다. 첫 달을 기준으로 하여 3개월 단위로 테스트하는 것이 관리하기에 효과적이다. 유의할 사항은 절대 평가용으로 만든 설문도구이니만큼 상대나 타인을 전혀 의식할 필요는 없다. 멘토와 멘제가 성적이 뒤바뀔 수도 충분히 있는 것이다.

설문만점: 1개당(매우 좋다) − 2.0 − 1.5 − 1.0 − 0.5 − 0.0 − (매우 좋지 않다)

참고점수: 설문내용을 이해할 수 없을 때는 1점으로 계산한다.

현재득점: 설문 10개 합계점수

목표점수: 20점 만점 − 현재득점

번호	8 인간관계 (Relation) 개발소재	점수
1	나는 조직에서 상급자와 관계가 좋은 편이다.	
2	나는 조직에서 동료 직원과 관계가 좋은 편이다.	
3	나는 조직에서 하급직원과 관계가 좋은 편이다.	
4	나는 가정에서 부모님과 관계가 좋은 편이다.	
5	나는 가정에서 부부 또는 (미혼경우 − 형제자매와 관계가 좋은 편이다.)	
6	나는 가정에서 자녀 또는 (미혼경우 − 친척들과 관계가 좋은 편이다.)	
7	나는 동창회에 참석하여 두터운 관계로 사귀고 있다.	
8	나는 취미 오락 특기 등의 동호회에 참석하여 회원으로 활동한다.	
9	나는 업무상, 교제상, 동업계나 전문인 모임에서 교제를 넓히고 있다.	
10	나는 사회 건전 단체나 봉사 기관에 참석하고 있다.	
	소　　　계	

멘토링 생산성 Productivity (1)

9. 경영이해 지수 개발 Workshop
- 경영이해가 생산성 향상에 얼마나 영향을 주고 있는가?

조직에서 멘토 / 멘제로 선정되어 멘토링 활동을 개시하게 되는데 앞으로 멘토링 활동에서 조직의 경영이해를 통해서 생산성을 평가해 보고 경영이해 점수를 올리고자 하는 보는 진단도구다. 각 설문에 2점 만점으로 하고 현재 테스트 단계에서 득점을 기록하고 2점에서 공제한 나머지 점수가 앞으로 경영이해의 목표 점수가 된다. 첫 달을 기준으로 하여 3개월 단위로 테스트하는 것이 관리하기에 효과적이다. 유의할 사항은 절대 평가용으로 만든 설문도구이니만큼 상대나 타인을 전혀 의식할 필요는 없다. 멘토와 멘제가 성적이 뒤바뀔 수도 충분히 있는 것이다.

설문만점: 1개당(매우 잘 알고 있다)-2.0-1.5-1.0-0.5-0.0-(전혀 모른다)
참고점수: 설문내용을 이해할 수 없을 때는 1점으로 계산한다.
현재득점: 설문 10개 합계점수
목표점수: 20점 만점-현재득점

번호	9 경영이해 소재	점수
1	우리 회사 매출 총액은?	
2	세전 순이익은?	
3	자산 총액은?	
4	1주당 액면가격 / 시장가격은?	
5	우리 회사 총인원은?	
6	우리 회사 창립에 관한 스토리는?	
7	우리 회사 인기 제품은?	
8	우리 회사가 가장 어려운 때와 그때 사건은?	
9	우리 회사가 제일 좋은 때와 그때 사건은?	
10	우리 회사의 최근 새로운 경영 전략은?	
	소　　　　계	

멘토링 생산성 Productivity (2)

10. 업무숙달 지수 개발 Workshop
- 업무능력이 생산성 향상에 얼마나 영향을 주고 있는가?

조직에서 멘토 / 멘제로 선정되어 멘토링 활동을 개시하게 되는데 앞으로 멘토링 활동에서 주어진 업무 숙달을 통해서 생산성을 평가해 보고 업무숙달 점수를 올리고자 하는 진단도구다. 각 설문에 2점 만점으로 하고 현재 테스트 단계에서 득점을 기록하고 2점에서 공제한 나머지 점수가 앞으로 자신의 업무숙달 목표 점수가 된다. 첫 달을 기준으로 하여 3개월 단위로 테스트하는 것이 관리하기에 효과적이다. 유의할 사항은 절대 평가용으로 만든 설문도구이니만큼 상대나 타인을 전혀 의식할 필요는 없다. 멘토와 멘제가 성적이 뒤바뀔 수도 충분히 있는 것이다.

설문만점: 1개당(매우 잘 알(하)고 있다)-2.0-1.5-1.0-0.5-0.0-전혀 모른(안 한)다)

참고점수: 설문내용을 이해할 수 없을 때는 1점으로 계산한다.

현재득점: 설문 10개 합계점수

목표점수: 20점 만점-현재득점

번호	10 업무숙달 소재	점수
1	우리 부서원의 이름과 얼굴을 알고 있다.	
2	우리 회사의 업무 흐름도를 알고 있다.	
3	우리 회사 핵심 업무를 알고 있다.	
4	나의 담당 업무에 관한 법령과 규정을 잘 알고 있다.	
5	나의 정규업무에 비하여 얼마나 숙달기간인가?	
6	부서 분임조에서 나의 의견 제시 빈도는?	
7	나의 업무 발전을 위하여 전문도서나 세미나 참여도는?	
8	나의 담당 업무 능력의 향상도는?	
9	업무에 관련된 저산시스템을 제대로 활용하고 있다.	
10	멘제에게 업무나 기술에 관하여 이전(Sharing) 정도는?	
	수　계	

멘토링 생산성 Productivity (3)

11. SWOT 지수 개발 Workshop
SWOT 분석이 생산성 향상에 얼마나 영향을 주고 있는가?

* 항목작성요령

Strength(강점) - 우리 조직 제품, 경영, 브랜드 드이 강점, 자랑스러운 점, 타 조직과 차별화 사항을 기록한다.

Weakness(약점) - 우리 조직의 약점, 뒤처진 점, 경영의 문제 사항 기록함.

Opportunity(기회) - 우리 조직이 최근에 대내문제(자금, 노사, 제품, 마케팅 등)와 대외관계, 정부정책, 주위환경, 해외여건을 통해 주어진 기회를 기록함.

Threat(위기) - 우리 조직이 최근에 대내문제(자금, 노사, 제품, 마케팅 등등)와 대외관계, 정부정책, 주위환경, 해외여건을 통해 주어진 기회를 기록한다.

항목만점: 1개 항목 채우면 $-2.0-1.5-1.0-0.5-0.0-$ 못 채우면

참고점수: 항목 채웠는데도 자신 있다 $-2.0-1.5-1.0-0.5-0.0-$
　　　　　　자신 없다

현재득점: 항목 10개 합계점수

목표점수: 20점 만점 $-$ 현재득점

번호	구분	11 SWOT 분석 소재	점수
1	S 강점		
2			
3			
4			
5	W 약점		
6			
7	O 기회		
8			
9	W 위기		
10			
		소 계	

멘토링 장래성 Futurity (1)

12. 가정영역설계 지수 개발 Workshop
- 가정영역 설계가 장래성에 얼마나 영향을 주고 있는가?

조직에서 멘토/멘제로 선정되어 멘토링 활동을 개시하게 되는데 앞으로 멘토링 활동에서 가정영역 설계를 통하여 장래성을 평가해 보고 가정설계 점수를 올리고자 하는 진단도구다. 각 설문에 2점 만점으로 하고 현재 테스트 단계에서 득점을 기록하고 2점에서 공제한 나머지 점수가 앞으로 자신의 가정영역 개발 목표 점수가 된다. 첫 달을 기준으로 하여 3개월 단위로 테스트하는 것이 관리하기에 효과적이다.

　　설문만점: 1개당(매우 잘하고 있다 - 2.0 - 1.5 - 1.0 - 0.5 - 0.0 - (전혀
　　　　　　　안 한다)
　　참고점수: 설문내용을 이해할 수 없을 때는 1점으로 계산한다.
　　현재득점: 설문 10개 합계점수
　　목표점수: 20점 만점 - 현재득점

멘토링 장래성 Futurity (2)

13 직업영역 설계 지수 개발 Workshop
　-직업영역 설계가 장래성에 얼마나 영향을 주고 있는가?

번호	12 가정영역 소재	점수
1	본인결혼 설계	
2	가족 간 여가선용 설계	
3	가장의 리더십 설계	
4	가정의 종교관계 설계	
5	자녀출산 설계	
6	자녀교육 설계	
7	자녀결혼 설계	
8	부부취미 활동 설계	
9	부부사회 활동 설계	
10	노후 대책 설계	
소　　계		

조직에서 멘토/멘제로 선정되어 멘토링 활동을 개시하게 되는데 앞으로 멘토링 활동에서 직업영역 설계를 통하여 장래성을 평가해 보고 점수를 올리고자 하는 진단도구다. 각 설문에 2점 만점으로 하고 현재 테스트 단계에서 득점을 기록하고 2점에서 공제한 나머지 점수가 앞으로 자신의 직업영역 개발 목표 점수가 된다. 첫 달을 기준으로 하여 3개월 단위로 테스트하는 것이 관리하기에 효과적이다.

최고만점: 설문개당(매우 잘하고 있다) − 2.0 − 1.5 − 1.0 − 0.5 − 0.0 −(전혀 안 한다)
참고점수: 설문내용을 이해할 수 없을 때는 1점으로 계산한다.
현재득점: 설문 10개 합계점수
목표점수: 20점 만점 − 현재득점

번호	13 직업설계 소재	점수
1	직장인 사명 설계	
2	업무 목표 설계	
3	업무 전문성 설계	
4	승진 설계	
5	경력 개발 설계	
6	직업관련 자격 취득 설계	
7	40대 위기 대책 설계	
8	개인 생산성 향상 설계	
9	개인 리더십 개발설계	
10	정년 은퇴 설계	
	소 계	

멘토링 장래성 Futurity (3)

14 경제영역설계 지수 개발 Workshop
- 경제영역 설계가 장래성에 얼마나 영향을 주고 있는가?

조직에서 멘토 / 멘제로 선정되어 멘토링 활동을 개시하게 되는데 앞으로 멘토링 활동에서 경제영역 설계를 통하여 장래성을 평가해 보고 경제설계 점수를 올리고자 하는 진단도구다. 각 설문에 2점 만점으로 하고 현재 테스트 단계에서 득점을 기록하고 2점에서 공제한 나머지 점수가 앞으로 자신의 경제영역 개발 목표 점수가 된다. 첫 달을 기준으로 하여 3개월 단위로 테스트하는 것이 관리하기에 효과적이다.

설문만점: 1개당 매우 잘하고 있다) - 2.0 - 1.5 - 1.0 - 0.5 - 0.0 - (전혀 안 한다)
참고점수: 설문내용을 이해할 수 없을 때는 1점으로 계산한다.
현재득점: 설문 10개 합계점수
목표점수: 20점 만점 - 현재득점

번호	14 경제영역 소재	점수
1	결혼 준비 재테크 설계	
2	신혼생활 재산 재테크 설계	
3	신혼생활 집장만 재테크 설계	
4	부부간 부업 설계	
5	맞벌이 설계	
6	가족 형성기 재테크 설계	
7	가족 성장기 재테크 설계	
8	가족 성숙기 재테크 설계	
9	사회봉사 재테크 설계	
10	은퇴기 재테크 설계	
	소 계	

Chapter 5
························
트리오그룹
성공전략

구슬이 서 말이라도 꿰어야 보배라는 말이 있다. 오늘날 인재 개발의 화두가 멘토링이라고 하지만 성공까지 이르기에는 더 많은 노력이 필요할 것 같다.

조직 내 관리자그룹, 멘토그룹, 경영자그룹 등 3그룹이 트리오(Trio)가 되어 3가지 악기로 아름다운 화음을 이뤄 내듯이 멘토링에 관한 공동 관심을 갖고 각기 맡은 역할을 제대로 실행한다면 성공의 지름길이 될 것이다.

멘토링 트리오(Trio) 그룹별로 명확히 먼저 구성인원을 배정하고 그룹별로 멘토/멘제의 현장 활동 지원 역할을 분명이 제시하여 공동 관심사와 책임 있게 추진할수록 했다.

아울러 성공전략을 구체화하여 각 그룹별로 먼저 자기 그룹에서 실행하여야 할 프로그램을 제시하였고 그리고 그룹별로 어떤 교육과정을 수강해야 할지와 추천도서를 소개하였다.

주제 1. 미팅촉진 6Step 활동전략

멘토와 멘제가 도입과정(Setting Process)에 들어서서 실제적인 활동에서는 준비, 협정, 실행, 피드백 제공, 장애물 제거, 마무리 등의 6단계(6Step)를 거치게 된다.

멘토와 멘제는 이러한 단계들을 거치면서 각자 맡은 역할을 수행하게 된다. 이 가운데 만약 어느 한 단계라도 소홀히 취급되거나 생략된다면, 그 멘토링은 멘토와 멘제 모두에게 지극히 만족스러운 것이 되기 어려울 것이다. 이제부터 앞에서 언급한 멘토링의 6단계에 대해 좀 더 구체적으로 살펴보기로 하겠다.

Step 1 준비 단계:

멘토가 할 일－개인목표로 **인격개발을 목표로 삼고 멘제를 최종적으로 멘토로 재생산(Reproducting)**하는 것이다.

관리자가 할일－조직목표로 **성과개발을 목표로 삼고 12목표 중에서 실정에 맞게 설정하고 도입에 필요한 5가지 선행조건**을 작성한다.

멘토는 자신의 의무를 실행하는 데 있어서 현실적이어야 한다. 멘토링은 누구의 이력서가 이익을 줄 것인지를 평가하는 것이 아니라, 누가 멘제의 욕구에 적합한 투자를 할 수 있는지를 평가할 기회가 되어야 한다. 멘토는 자신이 멘토가 될 능력이 있는지를 점검해야 하며, 동시에 활동과 자기 발전의 기회를 모색해야 한다. 멘토와 멘제 모두 앞으로 멘토링의 결과를 어떻게 실천에 옮길 수 있는지 점검해야 한다.

준비 단계에서 멘토는 멘제가 스스로의 장점과 연구하고 싶은 분야를 확인할 수 있도록, 스스로를 평가해 볼 것을 부탁할 수 있다. 또한 멘제의 장단기 목표를 조사해 두어야 한다. 이는 '협정 단계'를 현실적으로 만드는 데 큰 도움이 될 것이다.

'준비 단계'에서 멘토는 또한 자신이 기대하는 바를 스스로 명확히 긍정할 수 있어야 한다. 멘토 스스로가 멘토링 관계에 대한 개인적 목표가 없다면, '마무리 단계'에 이르기까지 필요한 관심과 에너지를 유지하기가 어려울 것이다. 멘토링은 상호적이어야 하며, 비록 멘제의 활동욕구에 중점을 두고 있긴 하지만 두 파트너 모두 이익을 얻어야 한다. 두 파트너 모두 '준비 단계' 중에 각자가 기대하는 바에 대해 솔직하게 토론할 준비를 해야 한다. 그렇지 않으면 멘토링 관계의 나중 어느 시점에서 실망과 비난을 감수해야 할지도 모른다.

모든 멘토는 멘토링을 시작하기 전에 자신의 열정과 의지, 열망이 현실적 평가와 균형을 이루는지를 확인해야 한다. 멘토는 적합성이 있는지 확인하기 위해 장차 멘제가 될 사람의 배경(Needs 및 가치관 등)과 그 외의 관련정보를 고려해야 하며, 멘토링에는 멘제의 목표와 욕구에 따른 시간투자가 필요하다는 것을 확실히 인식해야 한다.

Step 2 협정 단계:
멘토가 할 일 – 선서문, 서약서, 상호간 약정서 작성과 미팅프러스 전략과 미팅시간 시나리오를 숙지한다.

이 단계에서 멘토와 멘제는 관계의 유지에 필요한 계약 조건을 수립한다. 두 파트너는 목표를 세우고, 멘토링 관계의 내용과 형식에 동의를 할 수 있어야 한다. 이 단계에서 멘토와 멘제는 자신의 생각, 기대, 목표, 욕구에 대한 상호 이해를 목표로 해야 한다. 또한 기밀 유지, 한계와 같은 문제도 다루어야 한다. 만약 이러한 문제를 불편 해하거나 무시해서 다루지 않는다면, 멘토링 관계에서 절대로 목표 를 달성할 수 없으며, 결국은 두 파트너 모두 실망하게 될 것이다.

협정 단계에서 멘토와 멘제는 대부분 상호 인재 개발에 초점을 두게 된다. 멘토는 단기 트레이닝과 장기 발전 목표를 세우기 위해 멘제가 자신의 장점과 약점을 확인하도록 도움을 준다. 멘토의 목표 는 멘제의 장기적 목표 성취와 관련해 멘제가 객관적으로 자기 분석 을 할 수 있도록 보조하는 것이다. 멘토가 이 인재 개발 과정 중에 도움을 줄 수 있는 방법은 다음과 같다.

* 인재 개발을 위한 멘토의 역할
- 멘제가 스스로의 장점과 약점을 평가하도록 요구한다.
- 멘제의 장단기 목표를 분명하게 한다.
- 멘토링 관계에 대한 멘제의 기대를 공유한다.
- 멘토링 관계에 대한 상호간의 기대를 솔직하게 토론한다.
- 파트너십을 위한 세부 계획을 세운다.

멘토링 파트너들이 '협정 단계'에서 합의한 서면 동의나 계약은 장래의 관계에 도움이 될 수 있다. 그렇다고 계약의 내용이 멘토링 진행과정 내내 절대 불변이어야 하는 것은 아니다. 어쨌든 협정의 내용에는 다음과 같은 요소들이 포함되어야 한다.

협정 단계에서 멘토는 멘제가 멘토링 관계의 핵심에 다가갈 수 있도록 도와야 한다. 이 단계에서 멘토는 실행 단계를 특징짓게 될 행동의 본보기를 보이게 된다.

* **멘토링 협정의 주요 항목**
- 멘토링 관계의 장단기 목표
- 멘제의 활동 목표
- 양측의 멘토링 관계에 대한 기대
- 양측이 멘토링 관계에서 기여해야 하는 부분
- 정기적인 미팅 스케줄
- 비공식적 접촉을 관리하기 위한 절차
- 첫 번째 계획한 미팅을 위한 주제
- 기밀 사항에 대한 협정
- 경영자나 상급 관리자로서가 아닌 멘토로서의 역할 조항

Step 3 실행 단계

멘토가 할 일 - 개인활동을 주관하여 **멘토 / 멘제 개인 정기미팅활동** - 실천카드 작성 및 친목활동 한다.

관리자가 할 일 - 그룹활동을 주관하여 **전체 쌍 계간 그룹활동** - 친목활동 교육수강 중간 평가를 시행한다.

이는 실제적이고 구체적인 멘토링의 본론 단계로, 참가자는 대부분의 시간을 이 단계에서 소비하게 된다. 이 단계는 앞서 수립한 상호간의 이해를 바탕으로 이루어진다. 이 단계에서 참가자들은 멘제의 활동 욕구에 초점을 맞춘다. 멘토는 개방적이고 긍정적인 활동 분위기를 조성하고, 사려 깊고 시기적절하며 솔직하고 건설적인 피드백을 제공함으로써 멘제의 활동을 장려한다. 두 파트너 모두 멘제의 활동 목표를 확인하며, 이 목표들이 충족되고 있는지 확인한다.

* 목표설정 브레인 게임(Brain Gam) 실천카드 작성에 유의사항(SMART)
1) 구체성(Specific)
2) 측정가능성(Measurable)
3) 활동 결과 지향적(Action Oriented)
4) 현실성(Realistic)
5) 기한설정(Timely)

이 단계에서는 멘토의 동맹자(Partnership) · 촉매제(Facilitator) · 전략가(Strategist)로서의 2차적 역할이 더욱 분명하게 드러난다.

동맹자로서 멘토의 역할은 신뢰 쌓기를 의미한다. 신뢰는 멘토링 관계에서 가장 중요한 부분으로 특히 시작 단계에서 필수적이다. 신뢰와 믿음이 없는 상태에서는 멘제가 내면 깊숙한 곳에 잠재된 욕구, 불안, 꿈을 털어놓으려 하지 않을 것이다.

촉매자로서의 멘토는 멘제를 새로운 영역(새로운 사람, 상황, 도전)으로 이끌며, 이때 어떠한 일이 발생하는지를 관찰하게 된다. 새롭고 예기치 않은 상황에 멘제를 던져놓으면, 멘제가 스스로의 능력을 되짚어보고 발전 목표를 향해 나아가는 데 도움이 된다.

월트 휘트먼(Walt Whitman)은 이렇게 말한 적이 있다. "내 안에는 군중이 있다." 멘토는 우리 안에 있는 군중을 교육해야 한다.

코치 또는 전략가로서의 멘토는, 멘제가 성장과 활동을 위한 경험을 선택하고 구성하는 데 도움을 준다. 두 파트너는 장기 발전 목표에 대해 토론하고, 그러한 목표를 이루기 위한 업무나 경험을 고려하며, 발전 상황을 살펴보아야 한다. 멘토는 새로운 발전을 용이하게 하고, 최고를 추구하며, 멘제가 스스로의 한계를 뛰어넘을 수 있도록 도움을 주어야 한다. '재커리'는 '실행 단계'에서 멘제를 지원하기 위한 방법을 다음과 같이 목록으로 만들었다.

* 실행 단계에 있는 멘토의 역할
- 정기적으로 멘제를 만난다.
- 멘토링 관계가 발전하려면 시간이 걸린다는 사실을 예상해 본다.
- 꾸준한 참여를 보인다.
- 때때로 멘토링 관계에 참가한 모든 사람들의 기대를 재검토해 본다.
- 목적 지향적인지 확인하기 위해 멘토링 관계를 모니터한다.
- 중간 궤도 수정의 가능성을 예상해 둔다.
- 주기적으로 활동 목표에 따른 관계를 평가한다.
- 활동기회에 대해 개방적 자세를 유지한다.
- 멘토링 관계에 일정한 거리를 둔다.
- 멘토링 파트너에게 정기적인 피드백을 제공한다.

이러한 단계는 멘토링 관계의 핵심이며, 멘제의 활동 목표가 달성될 때까지 지속된다. 실행 단계의 일환으로 멘토는 멘제의 자기개발을 자극하고 동기를 부여한다. 이는 멘토가 질문을 던지고, 적극적으로 멘제의 얘기를 들어주며, 멘제의 생각에 도전하고 격려하며, 멘제를 대신한 생각이나 의사결정을 자제하는 것으로 이루어진다.

멘토의 질문은 멘제가 당면한 실질적 문제에 관심의 초점을 맞출 수 있도록 도움을 준다. 문제점을 확인하고 나면 멘토와 멘제는 문제에 대한 감정을 함께 검토하고, 장애물을 제거할 해결책을 이끌어내도록 한다.

이 단계 중에서 멘토는 멘제의 활동과정에도 동등하게 중점을 두어야 한다. '실행 단계'에서 멘토는 멘제가 활동 기회를 얻고, 조직 안팎의 자원과 접촉할 수 있도록 보조한다.

멘토는 이러한 과정 중에 자신의 영향력이나 연줄에 집중해서는 안 되며, 멘제의 성공이나 발전에 대한 공로를 주장해서도 안 된다.

멘토는 이 단계에서 멘제가 스스로의 문제점이나 활동 목표를 실천하도록 격려한다. 멘제가 문제점과 잠재성 있는 선택을 확인하고 나면, 멘토는 멘제가 책임을 지고 문제해결을 위해 행동하도록 격려해야 한다.

멘토링의 이러한 성격과 역할에 대해 안티오크 대학의 국제사회학 담당 교수인 제임스 킨(James Keen)은 이렇게 요약한다.

"우리 모두의 내면에는 자신만의 목소리가 있다. 우리는 모두 진정한 자신만의 목소리를 탄생시킬 능력을 가지고 있으며, 그 목소리는 우리의 직업에서 적용하게 된다. 멘토는 그러한 목소리를 이끌어내는 데 도움이 될 수 있다. 이는 앵무새처럼 남의 목소리를 흉내

내는 것이 아니며, 사회적 재생산도 아니다."

멘토의 임무는 멘제의 성장과 발전을 지원하고, 문제해결 능력을 향상시키는 것이다. 일반적으로 멘토는 멘제가 던지는 모든 질문에 답변을 해주거나 조언을 해주는 것을 자제해야 한다. 멘토가 이러한 것을 자제하면 멘제는 스스로 문제에 적절하게 대처할 능력을 개선시킬 수 있다. 멘토의 임무는 조사·발견·질문을 통해 멘제가 자신의 앞에 놓인 문제를 분명하게 파악하도록 돕는 것이다.

멘제의 활동 여정의 일부분으로서, 멘토는 멘제를 다른 상급 관리자에게 소개해 줄 수 있다. 이는 멘제의 경력 시야를 넓혀주는 동시에 다른 상급 관리자에게는 새로운 인재를 소개할 수 있는 방법이다.

Step 4 피드백 단계
멘토가 할 일 - 멘제의 질문과 상담을 경청한 후 멘토의 학습권으로 답변과 교육 그리고 피드백을 제공하고 상호간 미팅소재 14가지를 토론(Free Talking) 전개한다.

피드백을 하는 것은 멘제의 발전과 실행 단계의 성공에 필수적인 요소이며, 멘토의 섬세함을 필요로 하는 역할 중 하나이다. 피드백의 적절성 여부는 효과적인 질문 하기와 듣기 기술에 달려 있으며, 멘제에게는 멘토가 말한 것, 암시한 것, 활동의 방향, 활동과 실천의 조화를 보여줄 수 있는 기회이다.

피드백은 멘토가 멘제에게 줄 수 있는 가장 귀중한 선물 가운데 하나이다. 피드백은 교정과 확인의 형태를 띨 수 있으며, 항상 솔직해야 한다. 솔직하고 건설적인 피드백은 멘제가 능력과 자신감을 키우고 활동의 질을 높을 수 있도록 격려해 준다. 피드백은 멘토링 파트너들이 활동의 장애물을 극복할 수 있도록 도와주며, 실행 단계에 필수적인 요소다.

* 피드백 제공 시 유의사항

1. 멘제에게 주는 피드백은 솔직하고 긍정적이어야 한다.
2. 피드백을 받는 것 또한 멘토가 개발해야 할 기술이다.
3. 솔직한 피드백은 멘제에게 도움이 되는 것이 분명하지만, 때때로 멘토는 멘제의 저항이나 부정적인 태도를 각오해야 하는 경우도 있다.
4. 피드백의 궁극적인 목적은 멘제의 행동과 활동방향을 조정하는 데 있다.

피드백을 주고받는 것은 핵심적인 멘토링 기술로 볼 수 있다. 멘토링 관계에서는 멘토의 견해가 특별한 영향을 미칠 수 있으므로 피드백이 특히 중요하다. 멘토가 가지는 지위와 전문적 기술 또는 공평한 관찰자로서의 위치 때문이다. 따라서 멘제가 피드백을 받는 정도가 아니라 환영할 수 있는 방법으로 피드백을 제공할 줄 아는 능력이 멘토에겐 필수적이다.

멘제에게 주는 피드백은 솔직하고 긍정적이어야 한다. 멘토는 사실이 아닌 것은 절대 말하지 말아야 한다. 멘토는 멘제의 약점보다는 먼저 장점에 중점을 두고 강조해야 한다. 또한 약점을 다룰 때는 멘제가 이러한 약점에 어떻게 대처할 수 있는지, 자신은 어떤 역할을 할 수 있는지를 연구하는 것이 중요하다. 이것이 바로 약점을 다루기 위한 긍정적인 피드백의 방법이라 할 수 있다.

피드백을 받는 것 또한 멘토가 개발해야 할 기술이다. 멘토의 관점에서 보면 이는 두 가지 면에서 중요하다. 먼저 멘제로부터 긍정적인 피드백을 받는 것은 멘토링 관계를 향상시키며, 두 번째는 그 결과 역할 모델로서의 멘토는 피드백을 받는 대로 멘제를 더 능숙하게 지도할 수 있게 된다.

솔직한 피드백은 멘제에게 도움이 되는 것이 분명하지만, 때때로 멘토는 멘제의 저항이나 부정적인 태도를 각오해야 하는 경우도 있다. 부정적인 태도를 보이는 멘제는 대개 멘토의 피드백에 놀라고, 심하게는 충격을 받는 모습을 보인다. 멘토는 과거의 대화와 현재의 문제점을 연결시켜 주는 정보를 제공함으로써 멘제가 피드백에 대한 저항과 부정적인 태도를 가지지 않도록 유도할 수 있다.

피드백에 저항하는 멘제는 스스로의 능력을 의심하거나 상처를 받고, 자신의 문제를 남의 탓으로 돌리기도 한다. 멘제에게 제안을 하기 전에 배출구를 열어주고, 미팅 사이에 잠시 냉각기를 두는 것이 도움이 될 수 있다.

그러나 피드백이 분명하고 솔직하며 시기적절할 경우, 멘제는 새로운 에너지를 얻을 수 있다. 피드백을 받으면 끝없는 에너지를 얻는 사람도 있다. 멘토는 피드백을 한 다음 멘제가 우선순위 결정에 초점을 맞추어 새로운 행동 코스를 확인하고, 새로운 가능성을 고려해 볼 수 있도록 도움을 준다.

피드백의 궁극적인 목적은 멘제의 행동과 활동 방향을 조정하는 데 있다. 피드백은 멘제가 앞으로 나아가 새로운 도전에 대응할 수 있도록 도움을 줄 수 있다. 이는 스스로의 행동에 대해 재고해 볼 기회를 제공하며, 멘제가 행동 계획을 수립하고 사후 점검과 책임 메커니즘에 익숙해지는 데 도움이 되기도 한다.

* **피드백에 관한 실무기술-공정성과 객관성과 경청의 범위 안에서**
1. 구체적으로 한다.
2. 간결하게 한다.
3. 사소한 것도 한다.
4. 결과뿐 아니라 과정에 대해서도 한다.
5. 남이나 제3자에게도 한다.

멘토는 피드백을 할 때 지나치게 비판적인 태도를 자제함으로써 멘제의 자긍심과 자존심을 건드리지 않도록 주의를 기울여야 한다. 일방적인 충고가 아니라 상호 존중의 분위기 속에서 이루어지는 대화가 도움이 될 수 있다. 멘토는 멘제에게 자기평가를 요구하고, 멘제의 자기평가에 반응하기 전에, 주의 깊게 들음으로써 발견과정으로서의 피드백에 접근할 수 있다.

멘토는 피드백을 할 때 명확해야 할 뿐 아니라 활동을 강조하고 행동의 대안 코스에 대해 토론할 준비를 하며, 적절한 도움을 주어야 한다는 것을 항상 기억한다.

Step 5 장애물 제거 단계
멘토의 문제점-바쁜 업무, 장기출장, 능력부족, 성격충돌 등의 장애문제를 대응한다.
멘제의 문제점-주의산만, 예의결례, 관계소홀, 부당요구 등의 장

애문제를 대응한다.

모니터 관여-상호간 해결되지 않을 시 모니터가 설문도구나 상담으로 문제를 대응한다.

실행 단계에서 멘토는 수많은 장애물에 부딪힐 수밖에 없다. 모든 파트너십은 어느 순간에는 장애물에 직면하게 된다. 이러한 장애물은 멘제의 경험, 신념체계, 편견 등과 관련된 개인적인 것일 수 있고, 또는 멘제의 업무 상황, 업무 이해도, 커리어 계획과 관련된 조직적인 것일 수도 있다. 이러한 장애에 부딪히더라도 멘토는 멘제의 성장과 발전을 순조롭게 하기 위한 지원과 도전 제안을 아끼지 말아야 한다. 멘토는 멘토링 관계에 나타난 장애물의 등장이나 그 힘을 과소평가해서는 안 되며, 생산적인 관계를 훼손할 수 있는 문제점을 미연에 방지하기 위해 노력해야 한다.

원인1-장애물 중 일부는 멘제에게서 비롯되기도 한다.
제거방법-멘토는 이러한 문제를 드러내는 멘제에게는 행동으로 인한 결과를 확인으로써 멘제에게 도전하고, 멘제를 격려해 줄 준비가 되어 있어야 한다.

원인2-멘제가 멘토에게 과도하게 의지하거나, 멘토가 모든 문제에 대한 답을 주거나 활동 전략을 책임질 것을 기대하는 경우도 있을 수 있다.
제거방법-이런 경우 멘토는 멘제를 구해 주거나 멘제의 문제점을 해결해 주어서는 안 된다. 반대로 멘제의 행동을 주목하고 이를 이

슈화하여 검토하고 생각해 보아야 한다. 또는 멘토가 그와 비슷한 자신의 경험담을 들려주어 멘제가 그 경험담을 통해 교훈을 얻을 수 있도록 하는 방법도 있다.

원인3 – 다른 장애물로는 멘제가 아니라 멘토로 인해 발생하는 것들이 있다.
제거방법 – 멘토는 멘제와의 미팅을 기록해 놓은 것과 미팅 중 자신의 언행에 대해 재고해 봄으로써 스스로에게 피드백을 주어야 한다. 또한 멘제의 피드백을 진지하게 받아들여야 한다.

원인4 – 한편, 질투는 멘토와 멘제 모두에게 장애물이 될 수 있다.
제거방법 – 보통 이러한 장애물은 개방적이고 솔직한 피드백, 두 파트너가 스스로의 활동 목표를 결정한다는 인식을 통해 극복할 수 있다. 둘이서 장애물을 극복하지 못하는 경우에는 멘토링 모니터에게 조언을 구할 수 있으며, 혹은 그러한 장애물이 멘토링 관계를 마무리 지어야 한다는 징조일 수도 있다.

Step 6 마무리 단계
멘토가 할 일 – 멘토링 관계를 보고 서로 마무리하고 개인 간 지속 여부는 자유의사로 결정한다.
관리자가 할 일 – 최종평가로 정성 및 정량 평가와 멘토 인증서를 작성하고 종료식을 주관한다.

모든 멘토링 관계에는 끝이 있게 마련이다. 마지막을 계획하고,

그 이후의 잠재적 영향력을 이해한다면 두 파트너 모두에게 도움이 될 것이다. 마무리 단계에서는 멘제의 성취와 멘토링 관계를 통한 양측의 이익을 확인하고 축하하게 된다.

마무리는 협정 단계, 즉 멘토링 파트너들이 파트너십 협정에 멘토링 스케줄을 수립하는 단계에서부터 미리 예상해 둘 수 있다. 마무리는 짧고 명확한 과정으로, 멘토링 관계가 기대를 충족시키지 못했더라도 성장과 재고의 기회를 제공한다. 마무리 단계에 가까워지면 여러 가지 이유로 멘토링 파트너들에게 도전과제가 발생하게 된다.

첫째, 멘토링 관계가 협정에서 예상했던 것보다 더 일찍 혹은 더 늦게 끝날 수 있다. 때로는 활동 목표를 성취했음에도 불구하고 안정감과 확신을 주는 멘토링 관계를 끝내길 주저하는 사람도 있다.

둘째, 마무리는 언제나 파트너들의 감정적 반응을 불러일으킨다. 불쾌, 불안, 두려움, 실망, 안도, 기쁨 등의 감정은 모두 건강한 관계의 일부이긴 하지만, 이러한 감정을 처리하는 데는 대다수의 멘토와 멘제에게 예상보다 많은 시간이 필요하다.

멘토와 멘제 모두 긴밀한 관계를 마무리 지은 경험이 없다면 당황할 수도 있다. 둘은 우정을 나누게 되어 멘토링의 마무리가 우정을 훼손하게 될 것이라는 두려움을 갖게 될 수 있다. 하지만 마무리를 짓지 않으면 두 파트너 모두에게 도움이 되지 않는다.

사전 계획이 있었음에도 불구하고 마무리 지을 시기를 아는 것이 어려울 수도 있다. 대개는 활동 목표의 성공적인 성취 같은, 마무리를 알리는 확실한 신호가 나타난다. 하지만 때로는 두 파트너 모두 힘겨운 감정 문제를 겪길 원하지 않으며, 마무리에 수반될 수 있는 개인적 유대감의 상실을 원하지 않아 멘토링 관계가 지속되기도 한다. 때로는 무력감이나 안정감으로 인해 끝나야 할 멘토링 관계가 더 오래 지속되기도 한다.

계획적인 멘토링 프로그램의 경우에는 프로그램의 주기에 따른 이러한 신호가 불분명할 때도 있다.

반복되는 설명이지만 마무리할 시기가 가까워지면 멘토링 파트너 모두 문제에 부딪히게 된다. 멘토링 관계의 마무리는 불안, 분노, 경악과 같은 감정을 유발하며, 이러한 감정은 멘토와 멘제 모두의 긍정적인 성취에 먹구름이 드리울 수 있다. 명확한 마무리 일자가 관계의 끝을 지시한다. 그 결과 활동 목표가 성취되었음에도 불구하고 멘토링 관계를 지속해야 하거나, 활동 목표를 성취하지 못했음에도 명시된 날짜에 끝내야 하는 경우가 생긴다.

멘토와 멘제는 파트너십 협정을 맺을 때 가장 먼저 마무리 시기를 정해 두어야 한다. 마무리 일자는 유동성 있게 하고, 활동 목표의 성취 여부에 따라 판단하도록 한다. 이렇게 하면 두 파트너 모두 목표를 향한 발전과정을 주시하고, 서로 적절한 마무리의 시기를 인식할 책임을 지게 된다.

마무리가 없다면 멘토와 멘제 모두 멘토링 관계를 통해 배운 것을 숙고해 보고, 구체화하며, 통합해 볼 기회를 얻지 못한다. 마무리는 멘토가 멘제에게 활동 결과를 평가하고, 그러한 활동을 최대화할 수 있는 방법을 확인하도록 도울 수 있는 마지막 기획이다.

마무리 단계에서 두 파트너는 계획된 정식 파티를 열어야 한다. 멘토와 멘제가 서로 성취와 그들의 미래에 있어 멘토링이 미칠 영향에 대해 토론할 수 있는 오찬을 여는 것도 좋다.

성공적인 관계의 마무리는 멘토-멘제 관계의 끝이 아닐 수도 있다. 멘제는 멘토를 신뢰할 수 있는 친구로 여기고, 앞으로의 직장 생활에서 자신의 발전과정에 대해 보고할 수도 있다. 이와 같이 비공식적인 멘토링 관계를 유지하기 위해서 멘토는 공식적인 멘토링 관계가 끝난 후에도 멘제에게 지속적이고 긍정적인 피드백을 제공할 각오가 되어 있어야 한다.

주제 2. 멘토링 시스템 운영전략

1. 멘토링 시스템 운영방법

1) 멘토링 시스템의 필요성

오늘날 멘토링에서 체계적인 시스템의 필요성은 1) 전통적인 멘토링에서는 리더십을 제대로 갖춘 멘토 선정에 별로 어렵지 않다고 본다. 그러나 조직에서는 늘 상대하는 구성원 간에 제대로 갖춘 멘토를 선발하는 데 어려움이 많다. 2) 또한 현대 사회에서 멘제급의 신입사원이 멘토 대상인 기존 사원보다 지식력, 정보력 등에서 앞설 수 있다. 3) 한국적인 상황에서 멘토링을 겪지 못한 사람이 대부분이기 때문에 멘토가 되는 것에 업무적으로 심리적으로 부담을 느끼게 된다.

이러한 상황을 감안하여 조직에서 의도적으로 체계적인 시스템을 갖춰 멘토 / 멘제를 일정 조건하에 선정하여 관찰하고 지원하는 시스템이 필요하게 되므로 멘토링 시스템 구축과 아울러 모니터링 역할이 필요한 것이다.

멘토링제도를 실행하기 위하여 다음과 같은 3가지 형태의 틀을 갖추게 되면 운영상 효과를 거둘 수 있으며 특히 목표제와 평가제에 의한 생산성 효과도 보장할 수 있게 된다.

형태1 조직(Organization)

- 멘토링제도를 도입함에 있어 정규조직에 상응하는 멘토링 조직이 구축되어야 한다. 예를 들면 '멘토링운영위원회' '멘토링아카데미' '멘토링TFTeam' '멘토풀센터' 등으로 명칭하면 된다.

형태2 사람(People)

- 조직을 운영하는 데 필요한 사람을 세운다. 예를 들면 '운영위원장' '추진팀장'(TFTeam), 프로그램 매니저, 모니터 등이다.
- 멘토링 운영위원회 - 위원장
- 멘토링 추진팀 - 추진팀원, 프로그램매니저, 모니터
- 멘토 / 멘제

형태3 운영 프로그램(Program)

- 조직과 사람을 갖추었다고 볼 때 그 다음 중요한 것이 체계적인 프로그램을 개발하든지 그렇지 못하면 외부에서 채택하는 일이다. 지금까지 국내 조직에서 의욕만 앞섰지 제대로 프로그램을 갖추지 못한 것이 바로 실패의 원인이라고 볼 수 있다. 참고로 멘토링 코리아에서 개발된 프로그램으로 멘토링 전문인력을 양성하는 20~80시간 정규교육과정과 멘토링제도 도입 4개 과정(4Process) 컨설팅 매뉴얼이 있다.

2) 모니터링 시스템 의미

멘토링에서 모니터링 시스템의 개념정리가 우선되어야 한다. 광의의 시스템으로 운영위원장, 멘토링 **TFTeam,** 모니터그룹 등을 통틀어 말할 수 있다. 그리고 협의의 시스템은 단지 모니터 그룹에서 전담하는 업무로 국한하는 것을 말한다.

모니터링 시스템은 멘토 / 멘제의 활동 중 부정적인 면과 경영진들의 우려 사항을 사전에 모니터를 세워 긍정적이면서도 성공 확률을 높이기 위한 방편으로 조직에서 멘토링 시스템을 운영할 때 필수적인 프로그램이다.

(1) 멘토 문제점 사전 보완

멘토링에서 멘토의 역할은 절대적이라고 볼 수 있다. 그러한 제도에서 멘토링 활동을 방치하게 되면 멘토의 파벌 짓기, 멘제의 사유화, 혈연 지연 학연의 피해 등 부정적인 상황 전개를 방지할 길이 없다.

특히 조직 운영의 파워게임에서 멘토링 활동을 이용한다고 볼 때 - 예를 들어 노조와 편 가르기, 경영권 강화하기, 특정 임원의 영향력 보완하는 등 -

이러한 문제점을 사전에 보완할 수 있는 시스템이 모니터링제도라고 볼 수 있다.

(2) 모니터의 주어진 책임

모니터는 광의 역할을 제하고는 단지 멘토의 멘토 역할과 멘제를 포함하여 관찰하고 지원하는 역할이 주 업무라고 볼 수 있다. 멘토 / 멘제의 상급자에게 멘토링 정보를 정기적으로 제공하는 일과 멘토 / 멘제와 운영위원장의 중간에서 코디네이터의 역할을 감당하기도 한다.

특히 멘토/멘제의 관계가 원활하지 않을 때 즉시 설문을 도구를 이용하여 자의적으로 처리할지 위원장에게 보고해야 할지를 신속히 결정해야 한다.

2. 12개월 운영 프로그램

1) 프로그램 12개월 개요

오늘날 조직에 적용하는 멘토링의 특징은 도입을 원하는 조직에서 12개월 등 일정 기간을 필요로 하는 프로젝트(Project) 개념에서 활동 목표에 따라 프로그램이 필요하게 된다.

왜냐하면 조직에 적용하는 멘토링은 조직의 특성상 투자의 개념과 성과 측정 차원에서 평가가 뒤따르는 것이 필수적이기 때문에 체계적인 시스템으로의 접근이 필요하기 때문이다.

조직 개발용으로 체계적인 프로그램을 제도적 멘토링(Systematic Mentoring)이라 부르며 구체적으로 12개월 동안 준비과정, 도입과정, 활동과정, 평가과정에 적용하는 프로그램을 말한다.

특히 다음에 소개하는 4개 과정에 적용하는 4프로그램과 10-Point, 그리고 컨설팅 15도구(Tool)는 멘토링 활동을 시스템 차원에서 운영하여 성공적으로 이끄는 전략이다.

미팅활동 12개월 의미(Meaning)

12개월은 우리 인생의 삶의 기본 단위로 멘토/멘제가 12개월 활동하는 것은 아주 자연스러운 기간이다.

12개월은 법인 조직에서 업무를 정리하고 평가하는 한 회계기간으로 멘토링 활동도 조직경영의 틀 안에서 이뤄지므로 타당한 기간이다.

12개월은 회사에 지원기간으로 특히 신입사원의 이직률이 1년 내 가장 많은 것도 함께 고려한 기간이다.

12개월은 미팅 활동 최소기간으로 회사 제도적 멘토링 프로그램으로 관리하고 기간이 종료하면 그 후 자유롭게 전통적 방식의 멘토링으로 전환하여 평생까지 가능하다.

12개월 동안에 멘토가 멘제를 성숙시켜 자신과 같은 멘토로 재생산하여 다음 기회의 멘토링에서 멘토로 함께 활동하는 것이 최상의 성공 멘토링이다.

일반 사회 결혼도 사전에 철저히 준비해서 독립 가정을 이루게 하듯이 멘토/멘제도 12개월 기간에 관리그룹과 경영그룹에서 책임 있게 지원하여 차후 성숙된 멘토링으로 유도하도록 한다.

3. Process별 운영 Agenda

멘토링은 일회성 교육이벤트가 아니고 일정 기간 특수업무 차원에서 프로젝트 개념으로 활동이 진행된다. 특별히 정규업무와 긴밀한 협조 아래 TFTeam에 의해 Process별로 준비한 프로그램을 적용한다. 우선 12개월 기간을 모델로 하여 아래 4개 과정(Process)의 일정표를 소개한다.

인간에 의해 자연스럽게 이뤄지는 전통적인 멘토링과는 달리 학교, 기업, 교회, 군대, 공공기관 등 조직에 적용하는 멘토링은 조직의 특성상 투자의 개념과 성과 측정 차원에서 평가가 뒤따르는 것이 필수적이기 때문에 체계적인 시스템 도입이 필요하게 된다.

이와 같이 조직 개발용으로 적용되는 4개 과정(4-Process)에 적용되는 관리부문, 교육부문, 활동부문, 평가부문으로 구분하여 구체적으로 운영계획에 의한 현장에서 프로그램이 실행되어야 한다.

컨설팅 과정	컨설팅 주제	실행 프로그램
Process1 준비과정	과정설계	관리프로그램
Process2 도입과정	Orientation	교육프로그램
Process3 활동과정	멘토 / 멘제 활동	활동프로그램
Process4 평가과정	평가	평가프로그램

Process 1. 준비과정 운영 Agenda

멘토링 도입을 원하는 업체는 최소 3개월 준비기간이 필요하다. 그 기간 동안에 자료도 수집하고 필요한 전문교육도 받고 멘토링 전문가와 대화를 통하여 자사 멘토링 추진 팀을 구성하고 12개월 추진 계획을 수립하는 단계. 특별히 어떤 목표로 멘토링을 진행할 것인가를 염두에 두고 조직의 환경분석을 먼저 시행해야 한다.

Theme	Program	Contents
설계 컨설팅 Design	관리프로그램	1 12개월 운영안 작성-조직 예산 등 2 멘토링 활동 목표 설정
	교육프로그램	1 전문교육과정 설계-추진관리자 수강 2 간부특강교육과정 설계-간부 수강 3 도입Workshop과정 설계-멘토/제 4 보수교육과정 설계-멘토/제
	활동 프로그램	1 멘토/제 개인 활동 설계 2 멘토/제 그룹 활동 설계
	평가프로그램	1 개인별/그룹별 평가 설계 2 정량별/정성별 평가 설계
컨설팅 Tool 적용	Tool 1-멘토풀 센터 운영-6p Tool 2-시스템구축 방법-7p Tool 3-인간존중지수측정법-7p Tool 4-목표설정 방법-9p Tool 5-동기부여 방법-6p Tool 6-행정양식 작성법-8p	

Process 2. 도입과정 운영 Agenda

도입과정은 준비과정에서 설계한 내용대로 활동 직전에 오리엔테이션으로 진행한다. 도입교육(Workshop)을 시작으로 멘토/티 상견례 그리고 0.5~1시간 정도 CEO 참석하에 결연식 순서를 진행하고 마지막으로 이벤트식 만찬에 멘토/티를 초대한다.

특히 멘토링 교육부문은 먼저 추진 팀원을 멘토링 전문가로 양성하고 특히 멘토/멘제가 멘토링 활동 기간에 자생력을 발휘할 수 있도록 사전에 충분히 Workshop으로 진행하는 교육프로그램이다. 아울러 임직원의 멘토링 마인드 조성을 위해 특강프로그램이 준비되어 있고 활동 촉진을 위해 보수 교육과 이벤트식으로 참여자를 북돋아 주는 프로그램도 실행한다.

Theme	Program	Contents
오리엔 테이션 컨설팅 Orient ation	도입 Workshop 8/4시간용	멘토링 원리이해 활동지침 역할 Skill 상견례 Game 리더십 사례연구 등
	인간존중 진단설문작성	멘토에 의하여 회사 인간존중경영 지수 진단 설문 작성
	결연식	1 진행 순서-촬영 기념품 선물 2 멘토/제 선서 서약서 약정서 등 실행 3 동기부여 이벤트식 만찬제공
컨설팅 Tool 적용	Tool 7-멘토/멘제 활동 6단계-9p Tool 8-멘토링 교육 과정-6p Tool 9-멘토/제 결연식-10p Tool 10-멘제 인재개발 5DB-7p	

Process 3. 활동과정 운영 Agenda

멘토링 활동부문은 멘토 / 멘제가 12개월 동안 조직의 지원하에 자유롭게 프로그램을 진행하는 자율 활동을 말한다. 여기에서 개인 활동은 정기미팅 등 멘토 / 멘제 두 사람만이 갖는 프로그램을 말하고 그룹 활동은 전체 쌍이 야외 활동을 하는 등 합동으로 활동하는 것을 말한다. 활동 촉진을 위하여 주간별 서비스, 월간 서비스, 계간 서비스, 마지막 종료 서비스를 제공한다.

Theme	Program	Contents
활동 컨설팅 Doing	멘토/제 개인활동	1 멘토/제가 개인적으로 주1회 미팅한다. 2 미팅소재개발 프로그램을 제공한다.
	멘토/제 그룹활동	1 멘토/제 전원이 특별행사를 갖는다 2 1차-도입Workshop과정 2차-등산 3차-체험 4차-이웃돕기 등
	주간서비스	1 멘토/제에게 주간별 온라인 학습지 제공 2 내용-주간명상록,행동지침서,사례,학습지
	월간서비스	1 월간 정기 현장 컨설팅 서비스 제공한다 2 내용-시스템운영점검 멘토보고서,모니터 설문, 관리자진행자료 검토후 피드백제공
컨설팅 Tool 적용	Tool 11-멘토링 주간학습 온라인-4p Tool 12-멘토/제 미팅소재 개발-7p Tool 13-멘토/제 6단계 활동 프로그램-6p	

Process 4. 평가과정 운영 Agenda

멘토링 평가부문은 조직마다 멘토링 시스템을 도입하기 위해서는 사람, 시간, 자금 투자를 해야 하므로 투자에 대한 성과확보 측면에서 아래 3가지 차원에서 평가가 이뤄져야 한다.

평가과정은 멘토링 참가자들에게 책임감과 자부심을 갖게 하는 프로그램으로 활동 개시 후 중간 / 최종평가, 개인 / 그룹 평가, 정량 / 정성 평가 등으로 구분하여 실행하고 종료 후에 멘토 인증서를 제공한다.

*평가기간: 분기별을 기준하여 중간 평가와 활동을 종료하고 최종
　　　　　평가
*평가대상: 멘토 / 멘제 개인별 평가와 전체 쌍을 평가하는 그룹
　　　　　(조직)별 평가

Theme	Program	Contents
평가 컨설팅 Evalu ation	개인/그룹 평가	1 개인-멘토/제의 인격지수, 자생력개발점수 2 그룹-유지율, 정착율, 숙달율 회수율 등
	정량/정성 평가	1 정량-유지율 정착율 숙달율 회수율 -인격점수, 자생력점수 상승율 2 정성-멘토/제의 4대 만족도 설문평가 3 만족도-교육, 활동,인간관계, 조직충성도
	중간/최종 평가	1 중간-계간으로 정량/정성으로 평가한다. 2 최종-활동 종료시 종합 평가한다. 3 종료식-진행순서,평가발표,포상,만찬제공
	멘토 인증서제공	1 멘토 활동 장려를 위한 인증서 제공 2 점검내용-멘토 교육, 활동, 평가 점수 반영
컨설팅 Tool 적용	Tool 14-멘토링 활동종합 평가-23p Tool 15-멘토 활동 인증제도-4p	

*평가방법: 숫자를 반영하는 정량(경제성) 평가와 기타 설문 중심
   의 정성 평가

주제 3. 멘토링 12개월 동기부여 전략

멘토링 동기부여 필요성:

정규업무를 다루면서 멘토링 특수 활동을 하게 되므로 2) 특히 멘토는 CEO를 대신해서 질(質)관리 인재 개발을 책임지므로 3) 사람은 칭찬을 통하여 잠재역량개발을 촉진하게 되므로 필요하다.

동기부여 방법:

1) 물질적(物質的) 동기부여 - 교육비 활동비 상금 등 물적으로 지원한다.

2) 정신적(精神的) 동기부여 - 인사고과, 진급, 보직 등에 반영한다.

3) 인정적(認定的) 동기부여 - 작은 사장(Small CEO)의 위치로 인정해 주고 멘토링 데이를 선포하여 활동을 양성화하고 종료 시 멘토 인증서를 수여한다.

1. 제도적 차원에서 동기부여

1) 멘토풀센터(Mentor Pool Center)제도

멘토는 멘토링에 관한 상당 수준의 지식을 가지고 있어야 하며 특히 남다른 사명감을 필요로 한다. 그러므로 멘토를 1회용 소모품의 개념으로 다룰 것이 아니라 조직에서 투자의 개념으로 지원해 주어야 한다. 멘토풀(Mentor Pool)이라는 전담기구를 통하여 멘토를 선발하고 양성하고 지원하고 재충전하고 사후관리 등을 체계 있게 해주는 것이다. 그로 인하여 멘토를 조직 내 인재 개발 전문인력, 부하육성의 필수요원, 그리고 핵심인재 개발 대상으로 업그레이드함으로써 멘토링 활동에 열정을 갖고 멘제를 멘토로 재생산하는 데 최선의 노력을 경주할 것이다.

2) 멘토링 활동 평가제도

멘토링 활동에서 평가제도는 필수적이다. 이 평가제도를 통하여 멘토는 자부심과 함께 책임감도 느끼게 되므로 멘토링 활동에 남다른 몰입도를 가질 수 있다.

3) 멘토링 주간 이메일링 서비스제 시행

멘토링 도입 Workshop 과정에서 상당히 멘토링 활동에 적극성을 갖다가 3개월 지나면 대부분 열기가 식는다. 이를 사전에 방지하는 것이 주간 멘토링 명상록 서비스다. 명상록을 통하여 심리적으로 격려가 되고 부수적으로 멘토링 학습, 기법, 사례, Q&A 등의 자료를 주간으로 접하게 되므로 계속 멘토링 활동이 활성화된다.

4) Cyber Mentoring System

멘토링 활동은 멘토와 멘제의 공동체다. 그러므로 상호 활동 상황에 관하여 궁금하게 생각하고 서로가 잘한 점에 대하여 본받기를 기대한다. 멘토링 홈페이지나 카페는 이러한 공동체의 분위기를 지원하면서 쌍별로 모범 사례를 공개하여 선의의 경쟁을 유발하도록 지원하면 효과적이다. 특히 월간 계간에 필요한 보고서와 점검사항을 카페를 통해 접수하는 한편 월등히 잘하는 멘토나 멘토링 쌍은 공개적으로 시상하는 것이 효과적이다

2. 업무적 동기부여 지원

1) 조직의 분명한 활동 목표 설정 제시

멘토에게 조직에서 활동 목표를 설정하는 것이 우선순위다. 왜냐하면 멘토를 비롯한 멘토링 참여자에게 분명한 책임의식과 목표의식을 심어주기 위한 것이며 아울러 조직에서 멘토링을 추진하기 위해서는 투자에 상응하는 생산성 측정을 염두에 두고 목표관리를 반드시 해야 하기 때문이다.

어떤 방법으로 목표를 설정할 것인가? 우선 조직 내 환경분석을 실시한 후 취약한 부문, 문제부문을 염두에 두면 된다. 예를 들어 이직률이 심하다면 '신입사원 정착멘토링', 경력부문이 취약하다면 '경력개발 멘토링', 노사 간 문제는 '노사화합 멘토링' 등으로 설정한다.

그러한 후에 활동 목표별로 미팅이 이뤄지도록 지원하며 지속적으로 일정 기간 예를 들어 12개월 등에서 과정별로 주간 월간 계간에

활동 촉진 프로그램을 적용하는 것이다.

2) 도입 선행 5가지 조건 제시

멘토링은 조직의 정규업무와 별개의 특수업무로 볼 수 있다. 가장 좋은 운영 시스템은 TFTeam이다. 특히 멘토링 활동은 멘토의 자생 력으로 진행이 바람직스럽기 때문에 조직에서는 분명한 방향 설정을 제시하고 그 후로 멘토와 멘제가 상호간 협력해서 진행하면 된다. 멘토링 활동 전에 멘토에게 아래 사례와 같은 5가지 도입 선행조건 을 필히 제시하는 것이 바람직스럽다.

'5가지 선행조건 모델'
  ◦ 활동 목표: 신입사원 멘토링(또는 노사화합, 경력개발 등)
  ◦ 활동기간: 12개월
  ◦ 활동始終: 2008. 1. 1.~2008. 12. 31.
  ◦ 멘제그룹 기준: 신입사원사원 30명(또는 신입 6개월 미만인 자 등)
  ◦ 멘토그룹 기준: 선배사원 30명(또는 2~5년차 선배사원)

3) 결연식 / 종료식 격식 차려 지원

멘토 / 멘제의 결연식은 멘토링 도입 Workshop 기본교육을 마치고 별도의 시간으로 단위 조직에서 주관하여 진행한다.

쉽게 생각하면 남, 여 결혼식을 염두에 두고 격식을 갖춰 격려 차 원에서 진행한다고 생각하면 된다. 가능한 ceo가 참석해야 하나 그 렇지 못 할 경우 반드시 임원 정도에서 격려사를 하는 순서를 진행 하도록 한다.

종료식은 멘토링 활동기간 종료시점에서 그동안 활동에 참여한 자들에게 격려와 포상 차원에서 진행한다.

'결연식 순서 모델'

3. 인사체계에 반영 동기부여

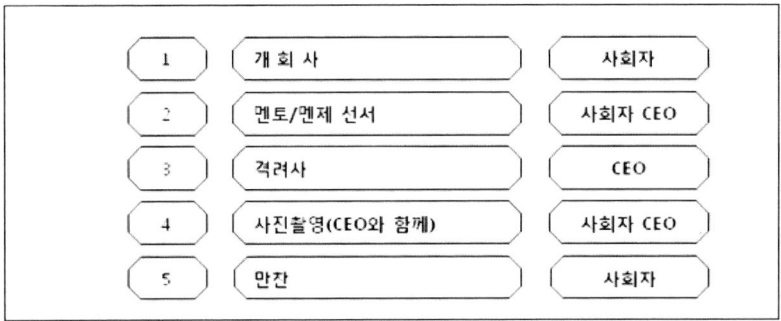

1	개 회 사	사회자
2	멘토/멘제 선서	사회자 CEO
3	격려사	CEO
4	사진촬영(CEO와 함께)	사회자 CEO
5	만찬	사회자

멘토링 동기부여 중에서 가장 매력을 느끼는 부문이 인사체계와 연결하는 것이다. 이 부문은 조직의 CEO의 멘토링에 관한 관심도를 엿볼 수 있는 대목이다.

국내 멘토링에서는 과거 멘제 시절의 경험이 없는 멘토의 입장은 대부분 첫 출발할 때 선발된 의식보다는 시간적인 면에서 피해의식과 업무 면에서 이중부담의 염려를 가지고 있다.

이러한 상황에서 뚜렷한 동기부여 없이 멘토링을 진행하게 되면 상당 기간 동안 약간의 거부의식에서 멘제와 미팅이 이뤄지고 멘토링에 몰두가 지장을 받게 된다.

그러므로 조직에서는 멘토링에 참여하는 멘토가 첫 출발부터 망설이지 않도록 멘토링에 참여하지 않는 동료 직원과 인사체계상에서 분명한 차별 대우를 해줌으로써 명분 있게 멘토링에 전념할 수 있는 계기를 만들어 주어야 한다.

1) 인사고과 평가 시 가점 반영

멘토링에 참여하는 멘토를 활동기간, 전문교육수강, 우수멘토수상 등을 고려하여 정기적인 인사고과 평가 시 일정한 점수를 가점하여 동기부여를 해주는 제도다

2) 연봉 책정 시 상향 조정 반영

멘토는 정규업무와 멘토링이라는 두 가지 면에서 조직에 기여하는 것이다. 이러한 상황을 참작하여 연봉 협상 시 일정금액을 가산하여 동기부여 해주는 것이다.

3) 진급심사 평가 시 가점 반영

멘토로의 활동은 조직에서 자연스럽게 중간지도자로서 역할을 수행할 기회를 갖게 되고 특별히 부하육성이라는 리더십을 인정받게 된다. 조직 입장에서는 이기주의가 팽배한 조직문화에서 타인을 배려해 주는 멘토를 긍정적으로 평가해 주어야 한다.

이러한 인재 개발에 앞장서는 멘토를 어느 직원보다도 진급 심사 시 가점을 주어 동기부여를 해주어야 한다.

참고로 GE그룹에서는 1999년 진급자의 80%가 멘토의 도움을 받았다. 멘토의 공로를 인정해 주어야 할 당위성이다.

4. 멘토링 활동 중에 동기부여

1) 교육수강 지원

멘토가 멘제를 일정 기간 동안 인재 개발의 책임을 지고 활동하게 될 때 제일 우려하는 점이 멘토링에 관한 올바른 이해와 멘토로서 어떤 역할을 할 것인가이다. 그 다음으로 염려가 되는 것이 미팅 시 어느 소재를 가지고 의논할까이다.

이러한 의문과 염려를 풀어 주는 것이 멘토에 관한 교육수강 지원이다. 사실 멘토에게는 아마추어보다는 멘토링 전문가로서 교육수강이 필요하고 단순히 멘제 한 사람을 담당한 차원에서 머무를 것이 아니라 회사 중간지도자를 양성하는 차원과 핵심인재로 개발한다는 적극적인 인재전략 차원에서 검토하는 것이 효과적이다.

2) 월 활동비 지급

멘토링을 조직에서 인재 개발 차원에서 정식으로 도입이 이뤄질 때 반드시 고려해야 할 점이 경비부문이다. 멘토링 활동이 공식적인 조직의 활동으로 인정을 받을 때 멘토/멘제의 활동비 지급은 공금으로 지원은 당연하다. 혹자는 멘토링은 상호 협약으로 무료 봉사를 주장하는 사람도 있다. 사회 멘토링에서는 비영리 재단에서 기부금으로 운영하는 상황에서 멘토의 무료 봉사나 또는 멘토가 일정 경비를 부담하는 경우도 있다.

그러나 조직의 필요에 의해 멘토 / 멘제를 선발하고 조직의 고유업무인 인재 개발이라는 분명한 목표로 멘토링 활동이 진행된다고 볼 때 투자의 개념에서 일정 경비를 지원하고 최종 평가를 통하여 회수와 생산성에 관한 점검이 이루어져야 한다고 생각한다.

특히 멘토 멘제의 월(月) 활동비 지원 기준은 먼저 미팅 주기를 주간, 월간 등 몇 회로 할 것인가가 기준이 된다. 주 1회를 미팅 주기로 볼 때는 멘토링 쌍당 100,000원 이상은 되어야 한다고 본다.

3) 멘토링 데이(Mentoring Day) 공시

멘토링이 아직은 국내에서 생소한 인재 개발 기법으로 인식되므로 먼저 도입한 조직에서 상당한 비토 세력에 의해 어려움을 겪고 있는 실정이다. 모처럼 멘토링을 도입하여 이러한 분위기가 도를 넘을 때 멘토 / 멘제의 활동은 위축되어 효과가 반감된다 그러므로 멘토링 도입 전에 간부급들에게 기본 특강으로 긍정적 분위기를 유도하는 것이 필요하다. 특별히 멘토 / 멘제 개인 활동을 양성화하기 위하여 CEO결재를 얻어 주 1회 특정 요일을 멘토링 데이로 선포하여 미팅을 공개하는 것이 활성화 계기가 된다.

4) 그랜드 미팅(Grand Meeting) 시행

멘토링은 멘토 / 멘제의 자발성이 무엇보다도 중요하다. 멘토링 활동기간 중 분기별로 멘토링 전체 쌍 즉 그룹 활동 차원에서 보수교육, 토론회, 격려회식, 야유회 등으로 자발성을 고취하는 기회를 갖게 한다. 이때는 CEO의 동참이 가장 효과적이다.

5. 활동 진흥대회 개최

멘토링 활동 기간 중 중간지점이나 최종 종료 시에 멘토링 활동에 우수한 자나 기타 공로자에게 시상을 하여 격려하고 차기 멘토링에 기대를 갖게 하는 동기부여 제도다.

먼저 진흥대회는 활동 중 우수 멘토를 선발하여 실제 발표토록 하고 멘토링 쌍 중에 우수 쌍을 선발하여 역시 발표토록 하여 멘토링 열정에 관심을 높이는 계기를 삼게 한다.

특별히 활동 기간 중에 멘토링에 관하여 느낀 점이나 미팅 사례 등을 수시로 남길 수 있도록 하여 차기에 참고자료로 활용하면 효과적이다.

이러한 행사를 진행하면서 우수한 자에게 차등으로 포상금이나 포상휴가 포상해외여행 등으로 지원하면 마지막 마무리를 인상 깊게 해주고 차기 멘토링 활동에 기대를 갖게 할 수 있다.

* 멘토링 활동 진흥대회
1. 우수 멘토 활동 선발 진흥대회
2. 우수 멘토링 쌍 활동 선발 진흥대회
3. 멘토링 활동 멘토 / 멘제 우수 수기선발 진흥대회

* 멘토링에서 우수 활동자 선정 포상
1. 우수 멘토 시상금-1, 2, 3등 선발(월 계간 활동 결과)
2. 우수 멘토링 쌍 시상금-1, 2, 3등 선발
3. 우수 수기 당첨자-1, 2, 3등 선발

6. 멘토인증제도(Mentor Certificate System)

멘토를 동기부여 하는데 쉽게 물적 및 자금적 지원을 생각하게 된다. 당연히 생각해야 할 사항이다. 그러나 그것에 머무른다면 잘못 낮은 차원의 지원에 머물러 잘못 오해의 여지도 생길 수 있다. 멘토 인증제는 특히 차원 높게 정신적 부문에 동기부여를 제공하는 것이다. 멘토로서 조직 내에서 리더십으로 인정받으면서 인성분야의 평가자료로 활용하면 멘토가 크게 고무되는 상황이 될 것이다.

'멘토인증 기준표'

인증부문	배점기준	인증점수	기대점수	비 고
교육수강	*정규교육 시간당 - 1점 Silver Course - 20시간 Gold Course - 40시간 Diamond Course - 60시간 주간 이메일학습 6월 - 6점 성적우수자 1회 - 5점		70	4~60시간 선택가능
멘토활동	*미팅횟수월당 - 4점 *활동유지월당 - 4점 친목활동 경조활동 학습활동 봉사활동 체력단련 문화활동		100	12개월 기준
활동평가	*종합평가 내역 - 최종 위원장 평가 지기 진단도구 작성점검 - 1점 Star Game 작성 점검 - 1점 우수 멘토 선정 - 2점 우수 멘토링 쌍 선정 - 2점 모니터 및 매니저 설문 평가 - 2점 멘제의 설문 평가 - 5		30	12개월 기준
종합인증			200	

Chapter 6

감성개발게임

게임1 EQ개발게임

　-IQ는 사람들의 인지 능력, 다시 말해 분석력, 기억력, 수리력, 언어 능력, 상식 능력, 공간지각 능력과 같이 냉철한 머리, 즉 객관적인 지성을 측정한다. 그에 비해 EQ는 사람들의 정서 능력, 다시 말해 감정 조절 능력, 타인과의 감정 공유 능력, 비언어적 능력, 직감력과 같이 따뜻한 가슴, 주관적인 감성을 측정한다. 다시 말해 IQ는 지적 능력만을 측정하지만, EQ는 사회적 동물인 인간이 가지고 있는 전반적인 능력을 측정한다.

　그러면 EQ가 무엇으로 구성되어 있는지 좀 더 구체적으로 알아보자, EQ는 크게 다섯 가지 요소로 구성되어 있다. 자기감정을 이해하는 능력, 자기감정을 조절하는 능력, 자기 동기부여를 할 수 있는 능력, 타인의 감정을 이해하는 능력, 인간관계 능력이 그것이다.

★ EQ 5가지 구성요소
1) 자기감정 이해 능력
2) 자기감정 조절 능력
3) 자기 동기부여 능력
4) 타인 감정 이해 능력
5) 인간관계 능력

1. EQ 진단도구

다음 문항을 읽고 자신의 생각이나 행동에 어느 정도 일치하는지를 체크하시오.

매우 동의한다: 3점	어느 정도 동의한다: 2점
약간 동의한다: 1점	전혀 동의하지 않는다: 0점

⟨A⟩

1. 나는 내 감정을 표현하는 데 별다른 어려움을 느끼지 않는다.
( )

2. 나는 새로운 일을 시작할 때 두렵거나 불안하지 않다. ( )

3. 친구가 나를 화나게 하면 나는 기분 나쁘다고 말한다. ( )

4. 나는 평소에 내가 하고 싶은 일이 무엇인지를 알기 때문에 전공 선택 문제로 별로 고민하지 않는다. ( )

5. 나는 내가 좋아하는 여자(남자)친구 스타일을 가지고 있다.
( )

6. 나는 감정과 행위가 다를 수 있다고 생각한다. ( )

7. 나는 성격뿐만 아니라 나 자신에 대해 너무나 잘 알고 있다.
( )

8. 나는 나 자신과 대화를 자주 하는 편이다. 가령, '나는 누구인가?' '내가 왜 그랬을까?'와 같이 자신과 대화하며 문제에 대처한다. ( )

9. 나는 언제나 내 자신의 능력에 맞는 목표를 세워 놓고 행동한다. ( )

10. 나는 내가 무엇을 원하는지를 분명히 표현할 수 있다. ( )

A 점수 합계 _____점

〈B〉

1. 나는 성격이 침착하고 차분하다는 얘기를 많이 듣는 편이다.
    (　　)

2. 얌체같이 갓길로 달리는 사람들을 보면 욕하기보다는 무슨 사정이 있어서 그럴 거라고 생각한다.　(　　)

3. 식당에서 밥을 먹으려고 줄을 섰는데 누가 새치기를 하면 뭐라고 하기보다 배가 몹시 고프기 때문이라고 생각하며 참는다.
    (　　)

4. 맛있는 음식이 있어도 다른 가족들이 식탁에 앉기까지 먹지 않고 기다리는 편이다.　(　　)

5. 누가 내 발을 밟아 놓고 사과하지 않더라도 나는 쉽게 화내지 않는다.　(　　)

6. 나는 상대방이 어떻게 받아들일지 몰라 말을 함부로 하지 않는다.　(　　)

7. 나는 물건을 살 때 충동적으로 사서 후회하는 일이 거의 없다.
    (　　)

8. 나는 내 감정을 잘 조절할 수 있다고 믿는다.　(　　)

9. 스트레스를 받더라도 나는 쉽게 흥분하지 않고 스트레스를 풀 수 있는 방법을 가지고 있다.　(　　)

10. 니는 풍부한 정서 생활을 하고 있다고 생긱한다.　(　　)

B점수 합계 _____점

〈C〉

1. 세상은 노력한 만큼 얻을 수 있다고 생각하기 때문에 잘살고 못사는 건 모두 자기 책임이다. ( )

2. 나는 어떤 일에 실패하면 그 원인이 무엇인지를 분석해서 대처하는 편이다. ( )

3. 나는 내 능력에 맞는 목표를 스스로 세우고 그것을 달성하기 위해 노력한다. ( )

4. 나는 '실패는 성공의 어머니'라는 말을 믿는다. ( )

5. 나는 내가 부족한 것이 무엇인지를 찾아 그것을 채우려고 한다. ( )

6. 집안이 어려워 대학에 가지 못할 상황이라도 대학에 가고 싶다면 나는 반드시 갈 수 있다. ( )

7. 여자(남자)친구에게 데이트 신청을 했다가 거절당하더라도 포기하지 않고 다시 도전한다. ( )

8. 나는 평소 말과 행동이 다르지 않고, 내가 한 말을 그대로 실천하는 편이다. ( )

9. 누군가 불쌍하다는 생각이 들면 나는 그 사람을 반드시 도와준다. ( )

10. 나는 무언가 재미있는 일이 있으면 그것에 몰두해 시간 가는 줄 모른다. ( )

C점수 합계 _____점

〈D〉

1. 나는 다른 사람과 입장을 바꿔 놓고 생각하기 때문에 다른 사람이 무슨 생각을 하는지 잘 안다. （ ）

2. 나는 부모님이나 선생님, 친구들이 기분이 좋은 상태인지 나쁜 상태인지를 잘 판단한다. （ ）

3. 사람을 첫인상 가지고 판단하는 것은 옳지 않다. （ ）

4. 나는 내 주위 사람들이 나에게 무엇을 원하는지 잘 알고 있다. （ ）

5. 나는 부모님이 단지 자존심 때문에 자식을 대학에 보내려는 것은 아닐 거라고 생각한다. （ ）

6. 나는 누가 섭섭한 말을 하더라도 그럴 만한 이유가 있을 거라고 생각하고 참는 편이다. （ ）

7. 나는 친구의 행동이 내 맘에 안 들더라도 그 친구에게 이런저런 잔소리를 하지 않는 편이다. （ ）

8. 나는 사랑에 빠지더라도 친구나 가족이 눈에 들어오지 않는 것을 이해할 수 없다. （ ）

9. 나는 친구가 약속할 때마다 늦게 오더라도 뭐라 하기보다는 늦을 만한 이유가 반드시 있을 거라고 생각한다. （ ）

10. 모처럼 친구와 등산을 가서 정상을 눈앞에 두었는데 친구가 죽어도 못 올라간다고 하면 나는 친구와 함께 내려오겠다. （ ）

D점수 합계: _____점

〈E〉

1. 나는 다른 사람들과 어울리는 것을 좋아한다.　　　(　　)
2. 나는 다른 사람이 기분 상하지 않게 내 의사를 잘 표현한다.
　　　　　　　　　　　　　　　　　　　　　(　　)
3. 나는 친구들의 말이 다소 논리가 없더라도 그것을 지적하지 않고 이해하려고 한다.　　　　　　　　　(　　)
4. 나는 다른 사람들과 슬픔과 기쁨, 분노와 같은 감정을 공유할 줄 안다.　　　　　　　　　　　　　(　　)
5. 나는 사람들이 이기적이기보다는 이타적이라고 생각한다.
　　　　　　　　　　　　　　　　　　　　　(　　)
6. 나는 고정관념이나 편견이 맞을 수도 있지만 실제로는 맞지 않는 경우가 더 많다고 생각한다.　　　　　(　　)
7. 어떤 사람을 행동이나 말투를 가지고 판단하는 건 잘못된 것이다.
　　　　　　　　　　　　　　　　　　　　　(　　)
8. 나는 토론할 때 다른 사람이 나와 다른 주장을 하더라도 그것을 불편 없이 받아들일 수 있다.　　　　(　　)
9. 나는 다른 사람이 나를 칭찬하든 비난하든 별로 개의치 않는 편이다.　　　　　　　　　　　　　(　　)
10. 친구가 약속 시간에 늦으면 약간 화를 내도 상관없다고 생각한다.
　　　　　　　　　　　　　　　　　　　　　(　　)

E점수 합계: _____점

각각의 점수를 해당 자리에 표시하고 꺾은선 그래프로 연결해 보자.

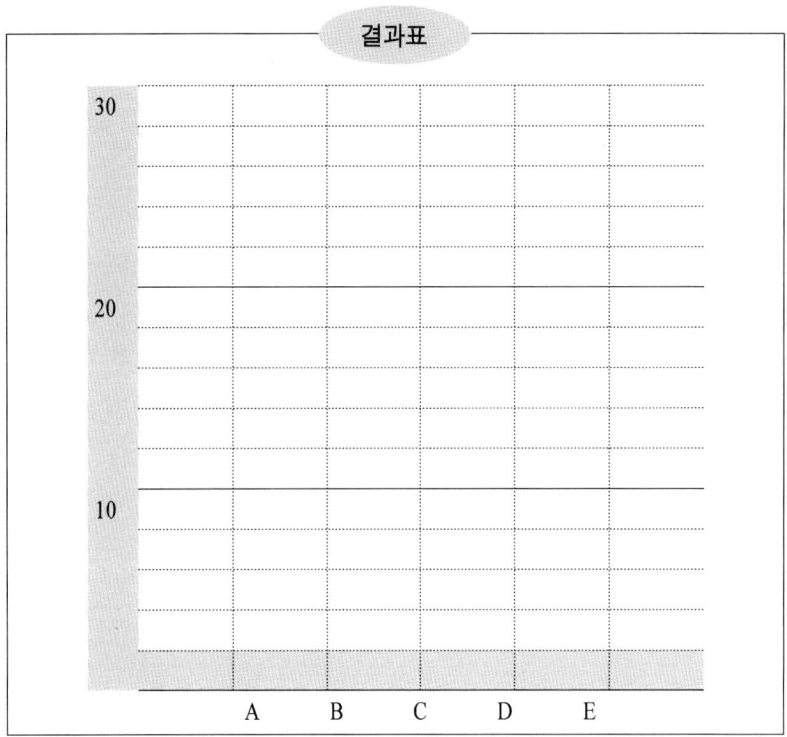

<EQ계산공식>

$$\frac{(A \times 1.5) + (B \times 2.5) + (C \times 2.5) + (D \times 1.5) + (E \times 2.0)}{5} \times 3 = (\quad)$$

A: 자기감정을 이해하는 능력   D: 타인 감정을 이해하는 능력

B: 자기감정을 조절하는 능력   E: 인간관계 능력

C: 동기부여 능력

2. 나는 이런 사람!

150~180점 ➡ EQ천재

　이런 젊은이들은 자신의 감정을 잘 알고, 자기감정을 잘 다루고, 충동적으로 행동하지 않으며, 기분 나쁜 일이 있거나 스트레스를 받아도 곧 회복할 수 있다. 어떤 일을 계획할 때도 자신의 능력을 고려하며, 타인을 배려하는 측면이 많아 인간관계도 좋다. 연구 결과에 따르면 이런 유형의 사람들은 사회경제적으로 성공할 가능성이 높고, 성격이 낙천적이어서 매사를 긍정적으로 보기 때문에 정신적으로도 무척 건강하다. 어렸을 때부터 서로 격려하고 지지해 주는 가정환경, 학교환경에서 자란 젊은이들 중에서 이런 높은 EQ 수준이 많이 나온다. 그러나 전체적으로 볼 때 이 점수에 해당하는 사람들은 전체 인구의 10% 이하다. 만약 당신이 이 점수에 속해 있다면 희망을 가져도 좋다. 노력을 게을리 하지 않는다면 아주 행복하고 아름다운 삶을 영위할 것이다.

126~149점 ➡ EQ 수재

　대체로 높은 EQ 수준을 가지고 있다. EQ가 높은 사람의 특성을 많이 가지고 있다. 그러나 어떤 한 영역에 문제가 있을 수 있으므로 만약 다섯 가지 영역 중에 어느 한 영역에서 20점 이하의 점수를 받았다면 그 부분을 강화시키려는 노력을 해야 한다. 자기 삶에 충실하고 다른 사람을 잘 이해해 주는 사람들의 전형이라고 할 수 있다. 조금만 노력하면 아주 우수한 EQ 수준을 가질 수 있을 것이다.

96~125점 ➡ 움트는 EQ에 불을 댕기자

여기에 해당하는 젊은이들은 대개 자신의 문제를 분명히 할 수 있고 자기의 문제를 잘 다루고, 자신의 감정을 행동으로 잘 표현한다. 그러나 좋고 싫음이 너무 분명하고 그 기복이 심하여 정반대의 대인관계 경향이 뒤섞여 있다. 그래서 친구들에게는 친절하지만 집에서는 짜증을 부리기도 하고, 동성 친구들하고는 잘 어울리지만 이성 친구한테는 그렇게 못 할 수도 있다. 또한 긍정적이든 부정적이든 다른 사람들로부터 피드백을 받지 못하고, 매사를 선악으로 구분하려고 한다. 이따금 자신의 감정이 슬픈 건지 기쁜 건지, 화난 건지 두려운 건지를 모를 때가 있다. 그러나 이 점수에 속해 있는 젊은이들도 노력하면 EQ를 우수한 수준으로 높일 수 있다. 그러니 평소에 자기감정을 분명히 표현하고, 실패에 쉽게 좌절하지 말고, 매사를 흑백 논리로 보지 말고, 타인의 입장에 서서 생각하는 습관을 기른다면 아주 우수한 EQ 수준으로 발전할 수 있다. EQ는 계발할 수 있다는 게 EQ를 계발한 존 메이어 박사의 얘기다.

60~95점 ➡ 잠자는 EQ를 깨우자

여기에 속하는 젊은이들은 EQ가 낮은 편이다. 자기감정을 잘 알지 못하고, 자기감정을 잘 조절하지도 못한다. 게다가 다른 사람의 아픔을 잘 헤아리지 못하고, 나른 '사람의 얘기를 잘 듣지도 않는다. 그래서 자기감정을 조절하지 못하고, 인간관계가 원만하지 못해 사회적으로 성공할 가능성이 낮으며, 실패했을 때 실패를 극복하지 못하고 주저앉기 일쑤다. 경제적으로 독립할 가능성도 낮다. 이런 상태가 지속된다면 평생을 스트레스와 싸워야 하고, 다른 사람에게 피해를 주는 사람이 될 수도 있다. 그러므로 EQ를 계발하기 위해 적극적으로 노력해야만 한다.

자기 자신의 능력에 맞는 현실적인 목표를 세워 추진하고, 자신의 감정을 분명히 표현하고, 충동적으로 행동하지 않도록 노력해야 한다. 그리고 타인을 돕듯이 자신을 돕고, 비판에 너무 민감하게 반응하지 않도록 의식적으로 노력해야만 한다. EQ를 높이려는 노력이 절실하다.

59점 이하 ➡ 낙심은 금물! EQ는 '하면 된다'

여기에 해당하는 젊은이들은 틀림없이 알 수 없는 덫에 걸려 있다. 자기감정을 이해하지 못함은 물론 다른 사람들의 감정을 헤아리지도 못한다. 그리고 충동적이고 이기적이어서 언제나 인간관계 때문에 고민하고, 이성보다는 열정에 사로잡혀 어떤 욕구가 일어나면 즉각적으로 만족시키려고 한다. 만약 EQ가 지금 상태로 유지된다면 당신은 분명히 후회할 날이 올 것이다. 그러므로 적극적으로 EQ를 높이려는 노력을 해야 한다.

≪유형별 분석≫

1. ⌐ 형－그래프 모양이 이런 유형으로 나왔을 경우에는 자기 자신의 감정을 잘 이해하고 조절할 줄 알고, 실패를 성공으로 연결시킬 수 있는 특성을 가지고 있다. 하지만 다른 사람의 관점을 별로 배려하지 않고 자기중심적이어서 인간관계가 좋지 않다. 그러므

로 다른 사람의 입장에 서서 생각하고 행동하도록 좀 더 신경 써야
한다.

2. ⌐ 형 - 그래프 모양이 이렇게 나온 경우엔, 자기 자신에게
소홀하면서 다른 사람에게는 지나치게 신경을 쓴다. 심할 경우 자신
을 부정하면서까지 다른 사람을 긍정하기 때문에 무조건 의존적인
행동을 하거나 지나치게 타인의 눈치를 볼 수가 있다. 그러므로 자
기의 감정을 보다 분명하게 하면서 자기를 긍정할 수 있도록 자신의
능력을 키워야만 한다.

3. ∨ 형 - 이런 유형의 결과는 자기감정을 잘 표현할 줄 알
고, 자기감정을 조절할 줄도 안다. 그리고 다른 사람의 감정을 잘
이해하고, 인간관계에 필요한 사회적 기술이 뛰어나다. 하지만 실패
했을 경우 쉽게 좌절하고 거기서 헤어나지 못하는 단점도 있다. 그
러니 실패했을 때 너무 실망하지 말고, 실패를 면밀히 분석하여 목
표에 재차 도전하는 습관을 기른다면 높은 수준의 EQ를 얻을 수 있
을 것이다.

4. ∨∨ 형 - 이런 유형의 결과는 전반적으로 높은 EQ 수준을
보여주지만, 자기감정을 조절하지 못하고 다른 사람의 감정을 무시
한 채 행동한다. 충동성이 높아 쉽게 화를 내고, 사소한 것을 가지

고 다투길 좋아하고, 욱하는 성질이 있기 때문에 행동하고 나서 후회하는 일이 많다. 게다가 다른 사람의 감정은 무시하고 자기중심적으로 행동하기 때문에 적을 많이 만들 수 있다. 그러므로 평소에 자기화를 이겨내고, 스트레스를 받았을 때 이완할 수 있는 방법을 개발하는 게 좋다. 그리고 다른 사람의 감정이 어떤지를 헤아려서 다른 사람의 감정도 배려하는 습관을 키워야 한다.

3. 공부 못하는 이들의 희망, EQ

감성지수, 즉 EQ(Emotional Quotient)란 감성 지능을 수치로 표현한 것이다. 다시 말해 사람들의 정서적인 측면을 수치로 나타낸 것이다. EQ란 용어는 1990년대에 들어서 미국 예일 대학의 심리학 교수인 피터 셀로비 교수와 뉴햄프셔 대학의 존 메이어 교수가 제안한 개념이다. 그들은 EQ를 '자신의 감정이나 다른 사람의 감정을 잘 읽어 내는 능력'이라고 정의했다.

그 후 하버드 대학의 심리학 박사이자 뉴욕타임스의 과학 전문기자인 다니엘 골먼이 1995년 10월 『감성 지능(Emotional Intelligence)』이란 책을 통해 EQ를 대중들에게 소개하면서 미국은 물론 유럽, 일본 그리고 한국까지 EQ열풍이 거세게 일어났다. 그러나 EQ는 사실 IQ에서 다루어지고 있었던 것으로 완전히 새로운 개념은 아니다.

그렇다면 갑자기 IQ보다 EQ가 선풍적인 인기를 끄는 이유는 뭘까? 왜 그렇게 EQ가 중요하다고 난리들인가?

첫째, EQ는 지금까지 상용하고 있던 IQ보다 사람들의 사회-경제적 성공을 더 잘 예측해 낼 수 있다. IQ가 주로 인지 능력을 예측할 수 있는 데 비해, EQ는 그 사람의 사회성, 판단력, 인내력, 감수성과 같은 다양한 측면을 예측해 낸다. 그동안 IQ는 미래를 예측할 수 있는 능력인 예언 타당도 측면에서 한 사람의 미래 발전 가능성, 성공 가능성을 잘 측정해 내지 못했다. 그러나 EQ는 그러한 문제점을 상당 부분 극복했다. 골먼은 IQ가 사람들의 사회경제적 성공을 20% 정도밖에 예측할 수 없는 데 비해, EQ는 사람들의 사회-경제적 성공을 80%까지 예측할 수 있다고 주장한다.

둘째, EQ는 공부 못해서 고민하는 많은 이들에게도 한 가닥 희망을 준다. EQ는 머리 나빠서 고민하고, 공부 못해서 눈총 받던 사람들에게조차 사회에서 성공할 수 있다는 희망을 주고 있다. 학교에서 공부 잘하던 친구가 사회에서 반드시 성공하는 것도 아니고, 공부도 못하고 말썽만 피우던 친구가 반드시 실패하는 것도 아니다. 물론 공부를 잘해 좋은 대학에 간 친구들이 성공하는 경우도 많지만, 사회가 반드시 그런 것만은 아니다. 오히려 공부에는 별로 관심이 없던 친구들이 자기 특기를 살려 사업가로, 개그맨으로, 가수로, 소설가로 성공하는 사람들이 비일비재하다.

천재 과학자 에디슨도, 가수 서태지도, 세계적인 영화감독 스티븐 스필버그도 대학은커녕 고등학교조차 제대로 나오지 못했다. 그러한 사람들이 어떻게 성공할 수 있었겠는가? 그러한 아이러니를 IQ는 잘 설명하지 못하지만 EQ는 잘 설명해 준다.

4. EQ는 사회적 능력

IQ는 사람들의 인지 능력, 다시 말해 분석력, 기억력, 수리력, 언어 능력, 상식 능력, 공간지각 능력과 같이 냉철한 머리, 즉 객관적인 지성을 측정한다. 그에 비해 EQ는 사람들의 정서 능력, 다시 말해 감정 조절 능력, 타인과의 감정 공유 능력, 비언어적 능력, 직감력과 같이 따뜻한 가슴, 주관적인 감성을 측정한다. 다시 말해 IQ는 지적 능력만을 측정하지만, EQ는 사회적 동물인 인간이 가지고 있는 전반적인 능력을 측정한다.

그러면 EQ가 무엇으로 구성되어 있는지 좀 더 구체적으로 알아보자, EQ는 크게 다섯 가지 요소로 구성되어 있다. 자기감정을 이해하는 능력, 자기감정을 조절하는 능력, 자기 동기부여를 할 수 있는 능력, 타인의 감정을 이해하는 능력, 인간관계 능력이 그것이다.

첫째, 자기감정을 이해하는(knowing one's emotion) 능력

자기감정을 이해하는 능력은 EQ의 기본이다. 자기감정을 확실히 알면 더 적극적인 삶의 자세를 가질 수 있고, 의사결정을 할 때도 보다 확실한 감각을 가지고 행동한다. 가령 자기감정을 이해하는 사람들은 전공과 직업, 배우자 선택 등 다양한 상황에서 보다 확실한 감각을 발휘한다.

그러기 위해서는 자기감정이 지금 어느 상태인지를 명확히 표현할 줄 알아야 한다. 지금 자기의 기분이 어떤지, 자기의 감정 수준이 어느 정도인지를 명확하게 표현할 줄 알아야 한다. 그래서 EQ계발 프로그램에서는 자기감정을 명확하게 표현하기 위해 출석을 부를 때도 '네'라고 대답하지 않고, 자신의 감정 상태를 수치로 표현하는 훈련을 한다. 가령 '7점입니다. 오늘 아침에 친구하고 다퉜거나' 하는 식이다.

둘째, 자기감정을 조절하는(managing emotion) 능력

자기감정을 조절하는 능력은 주로 충동 자체 능력과 관련된다. 자기감정을 조절할 줄 아는 사람들은 어떤 상황에 처했을 때 즉각적인 만족을 추구하지 않는다. 다시 말해 충동적이지 않다. 자기와 어깨를 부딪쳤다고 즉각적으로 화를 내지도 않고, 누가 자신의 발을 밟았다고 쉽게 분노하지도 않는다. 그리고 스트레스를 받고 화가 나더라도 그것에서 빨리 벗어나는 방법을 가지고 있다.

1996년 12월 20일 일본의 한 회사에 다니고 있는 여직원이 근무 태도가 불량하다는 이유로 직장 상사에게 꾸지람을 듣자 화가 나서 그동안 자신이 만든 컴퓨터 자료들을 몽땅 지워버리고 사라졌다. 그래서 회사는 그녀를 상대로 400만 엔의 손해배상을 법원에 청구했다. 그리고 1996년 여름 한 젊은이가 일도 안 하고 집에서 술만 마시고 빈둥거린다는 잔소리를 듣자 홧김에 잔소리를 하는 아버지를 살해했다. 이 같은 일들은 모두 자신의 감정을 조절하는 능력이 떨어지기 때문에 생겨난다. EQ가 높은 사람들은 욱하며 충동적으로 행동하지 않는다.

셋째, 동기부여(motivating oneself) 능력

동기부여 능력은 자신의 감정을 행동으로 표출하는 능력이다. 이런 능력을 가진 사람들은 자기가 느끼고 말한 것을 행동으로 실천할 줄 안다. 그리고 실패했을 때는 좌절하지 않고 실패를 분석해 새롭게 도전한다.

88올림픽 때 미국의 수영 선수 비욘디는 원래 7개의 금메달이 기대되었던 선수였다. 그러나 그는 처음 2개의 금메달을 놓쳤고, 사람들은 그가 나머지 5개의 금메달도 놓칠 거라고 수군거렸다. 그러나 펜실베이니아 대학의 심리학 교수인 셀리히만은 비욘디가 처음의 실패를 극복하고 나머지 경기에서 반드시 금메달을 딸 것이라고 호언장담했다. 셀리히만 교수가 그렇게 장담할 수 있었던 것은 비욘디가 올림픽에 참가하기 전 측정했던 EQ 테스트에서 매우 높은 점수를 받았기 때문이다. 셀리히만의 예언대로 비욘디는 처음 두 번의 실패를 극복하고 나머지 경기에서 5개의 금메달을 획득했다. 바로 동기부여 능력이 뛰어났기 때문이다.

고등학교밖에 나오지 않았어도 얼마 전까지 영국의 총리였던 존메이어, 늙은 아버지와 젊은 어머니 사이에 태어나 불우한 환경 속에서 자랐으면서도 학문적으로 일가를 이룬 공자와 프로이트, 일본 프로야구에 진출해 1996년 초라한 성적을 기록했지만, 1997년 LA다져스의 선발투수가 된 박찬호, 민주화 운동을 하다가 감옥에 갇혀서도 우유 곽을 뜯어 만든 종이에 못으로 꾹꾹 눌러 시를 쓴 시인 김남주, 그리고 옥중에서 『돈키호테』를 남긴 세르반테스 등등. 이들은 모두 자신의 가난과 좌절을 성공으로 연결시킬 줄 알았던 사람들이다.

넷째, 타인의 감정을 이해하는(recognizing emotions in others) 능력

타인의 감정을 이해하는 능력은 타인의 감정이 어떤 상태인지를 잘 이해하고, 타인의 감정을 배려할 줄 아는 능력을 말한다. 이런 능력을 가진 사람들은 다른 사람과 감정을 공유할 줄 안다. 그런 능력을 계발하기 위해 요즘 일부 기업체나 군대에서는 자신의 감정 상태에 따라 자기 책상에 카드를 꽂아 놓는다. 가령 기분이 좋으면 녹색 카드를, 기분이 울적하면 노란 카드를, 기분이 몹시 나쁘면 빨간 카드를 꽂아 놓고 서로 상대방의 감정을 이해하도록 한다.

사람들은 자기중심적으로 생각하고 자기 입장에서만 상대방을 이해하려고 한다. "남의 염병이 제 고뿔만 못하다"는 속담이 있다. 이런 일은 다른 사람의 고통과 감정을 헤아리기보다는 자기가 느끼는 작은 고통만을 중요하게 생각하기 때문에 발생한다. 그러므로 다른 사람의 감정을 잘 이해하려면 입장을 바꿔서 생각할 줄 아는 역지사지(易地思之)의 마음이 몸에 배도록 해야 한다.

다섯째, 인간관계(handling relationships) 능력

인간관계 능력이란 사회적 기술, 커뮤니케이션 기술, 신뢰감 구축, 사교성, 이타성 등과 같이 원만한 대인관계를 이끌어 가는 능력을 말한다. 그러기 위해서는 앞에서 이야기했던 네 가지 요소를 잘 발달시켜야 하고, 자기표현 능력과 비언어적 의사소통 능력을 계발시켜야 한다. 특히 커뮤니케이션은 70% 이상의 눈짓, 몸짓, 소리의 강약, 장단, 상황 등과 같은 비언어적 요소에 의해 이루어신다. 그러므로 인간관계 능력을 키우려면 비언어적 의사소통 능력을 키워야 한다. 도입부에서 예로 든 여도죄는 바로 이런 비언어적인 커뮤니케이션 능력이 부족했기 때문에 발생한 것이다.

'아' 다르고 '어' 다르다는 말이 있다. 똑같은 말이라도 어떻게 하느냐에 따라, 상대방이 처해 있는 상황이 어떤지에 따라 인간관계에 미치는 영향은 천차만별이다. 가령 어떤 사람이 아침부터 밤늦게까지 일을 한다고 하자. 그 사람에게 A라는 사람은 "일에 대한 열정이 대단하시군요. 건강도 생각하시면서 좀 쉬엄쉬엄 하세요."라고 말했고, B라는 사람은 "욕심도 많기는……그렇게 돈 벌어서 다 뭐 하려고 그러세요."라고 말했다. 그 말을 들은 사람은 똑같은 현상을 두고 표현한 말이더라도 B보다는 A에게 훨씬 호감을 가질 것이다.

5. EQ '하면 된다.'

EQ는 IQ와는 달리 후천적으로 계발할 수 있다는 것이 큰 장점이다. IQ는 유전적인 영향, 어머니의 지능, 태내 환경에 의해 80% 정도가 선천적으로 결정되고 나머지 20% 정도가 후천적으로 결정된다. 그래서 노력해서 계발할 여지가 적다. 그에 비해 EQ는 20% 정도가 유전, 기질, 호르몬 등과 같은 선천적인 요소에 의해 결정되고 나머지 80% 정도가 후천적으로 결정된다. 그래서 노력해서 계발할 여지가 다분하다. 그러니 앞의 테스트에서 EQ 점수가 낮다고 좌절하지 말고 자신의 EQ를 높이려고 노력하라. 그러다 보면 자연스럽게 EQ가 높아질 것이다.

그러면 EQ를 계발하고 EQ 점수를 높이는 방법에 대해서 알아보자

1) 나는 나만의 공간을 가지고 있는가?

EQ가 높은 사람들의 특징은 자기만의 휴식 공간, 사색 공간, 창조

공간을 가지고 있다는 점이다. 그러므로 자신의 공간을 확보하도록 노력하라. 그렇다고 집안형편을 무시하고 자기 방을 확보하라는 것은 아니다. 그런 행동 자체가 EQ가 낮은 사람의 행동이다. 자기만의 공간은 조용한 산책길, 공원, 옥상, 분위기 있는 카페와 같이 어느 곳이든 자기가 가장 편안한 곳이면 된다.

2) 나는 나 자신과 대화를 하고 있는가?

EQ가 높은 사람들은 자신과의 대화를 즐길 줄 안다. 가령 일기를 쓰거나 글을 쓰면서 자신의 행동과 하루를 반성하는 게 좋다. 다시 말해 자기 삶을 스스로 피드백해 보아야 한다.

3) 나는 취미 생활을 하고 있는가?

EQ가 높은 사람들은 자기 전공 분야 이외에 한 가지 이상의 취미 생활을 하고 있다. 가령 학생이라면 좋아하는 운동을 하거나 동아리 활동을 하고, 직장인이라면 업무와 관련되지 않은 동호회 모임에 참여해서 활동한다. 물론 취미 활동에 너무 몰입해서 자신의 전공이나 업무에 영향을 주어서는 안 된다.

4) 나는 규칙적으로 운동을 하고 있는가?

EQ가 높은 사람들은 건강관리를 위해서뿐만 아니라 규칙적인 운동을 통해 적대감, 스트레스, 공격성을 해소할 줄 안다. 일주일에 서너 번은 운동을 함으로써 스트레스를 풀어 주어야 한다.

5) 나는 내가 되고자 하는 존경하는 인물이 있는가?

EQ가 높은 사람들은 존경하고 흠모하는 인물을 설정해 놓고 자기도 그런 인물이 되려고 노력한다. 지금이라도 내가 존경하는 인물을 설정하라. 그리고 그 사람과 같이 되려고 노력하라.

6) 나는 상대방의 입장에 서서 생각하고 행동하는가?

EQ가 높은 사람들은 자기의 감정과 충동만을 앞세워 사랑을 표현하지 않는다. 그래서 상대방을 난처하게 하는 프러포즈를 하지도 않고 키스를 요구하지도 않는다. 성인의 경우에는 성생활에서 상대방의 기분과 감정을 배려할 줄도 안다. 항상 상대방의 입장에 서서 생각하고 행동하도록 노력한다.

7) 나는 여행을 즐기고 있는가?

EQ가 높은 사람들은 출장이 아닌 여행을 즐기며 자연과 대화하는 걸 좋아한다. 여행을 통해 새로운 문화, 새로운 사람들을 접하고, 자연에 묻혀 자신의 감정을 편안하게 하는 습관을 가져라.

8) 나는 평소 '욱' 하는 기질이 있는가?

충동적인 행동은 하루아침에 자신을 무너뜨릴 수도 있다. 그러니 충동을 조절하는 습관을 길러라. EQ가 높은 사람들은 평소 나름대로 기(氣)운동, 이완 훈련, 종교 생활을 통해 자신의 충동성을 조절하려고 노력한다.

9) 나는 스트레스 관리를 하고 있는가?

EQ가 높은 사람들은 평소 자신의 스트레스 관리를 잘하고, 스트레스로부터 빨리 벗어나는 특징을 가지고 있다. 특히 정신적인 노동을 하는 사람들은 스포츠나 노동 같은 신체적인 스트레스를 일부러 체험하는 게 좋다.

10) 나는 세상을 긍정적으로 보려고 노력하는가?

EQ가 높은 사람들은 가능한 한 세상을 긍정적으로 보고, 다른 사람의 단점보다는 장점을 보려고 노력한다. 게다가 자신에게도 매우 긍정적이어서 죄의식이나 죄책감에 시달리지 않는다. 자기에게 너그러워지고 가능한 한 세상을 긍정적으로 보아라.

6. EQ 점수에 연연하지 않는 사람이 EQ가 높다

EQ를 계발하기란 쉬운 일이 아니다. 그러나 이런 항목들을 체크해 보고 평소 생활에서 그런 것들을 실천하려고 꾸준히 노력하면 반드시 좋은 결과를 거둘 수 있을 것이다. 이제 똑똑한 아이, 학교에서 공부 잘하는 아이, IQ가 높은 사람들만 출세하고 성공하는 시대는 지났다. 실제 사회생활에 필요한 것은 자기감정을 잘 알고 조절할 줄 아는 능력과, 타인의 감정을 이해하고 인간관계를 잘할 줄 아는 능력이다. 그러니 지금 학교에서 공부를 못한다고, IQ가 낮다고 좌절하거나 포기하지 마라.

뿐만 아니라 EQ 점수가 낮게 나왔다고 해도 실망하지도 마라. 실제 EQ는 아무리 좋은 테스트라도 기껏해야 전체 EQ의 50-60% 정도밖에 측정해 내지 못한다. 그러니 자신의 EQ가 점수가 낮다고 실망하지 마라. EQ가 높은 사람들은 EQ의 숫자에 좌우되지 않고 EQ가 높다고 자만하지도 않는다. 진정 EQ가 높은 사람들은 EQ 점수에 연연하지 않는다. 사실 야망을 가지고 사람을 사랑하며 인간답게 살려고 노력하는 젊은이들에게는 EQ 역시 시답지 않은 존재일지도 모른다.

게임2 Lynchpin Game

가. Lynchpin Game 목적

1) 먼저 자기의 성격유형을 찾아 강점과 약점을 알고

2) 그 후 멘토와 멘제의 연결 도구로 사용하고

3) 상대방에게 바람직한 대응과 피해야 할 대응으로 좋은 관계를 유지하기 위함.

나. Lynchpin Game의 명칭 어원

1) Lynch(연결) Pin(핀)은 '연결핀'이라는 뜻으로 트랙터가 트레일러를 끌 때 반드시 둘 사이에 연결핀을 꽂아야 제대로 끌 수 있다는 데서 기인(美 Bobb Biehl)한 것으로 멘토링에서 멘토가 멘제와 연결하는 도구(Tool)로 활용하고 있다.

2) 린치핀 게임에서 활용하고 있는 성격 찾기 설문은 페르소나(Persona) 방식임.

다. Lynchpin Game의 성격유형

1) 설문내용 – 강점 40개 항목, 약점 28개 항목 등 68개 항목임

2) 성격유형 – 주도형(Dominating Style)

우호형(Facilitating Style)

관리형(Controling Style)

분석형(Analytical Style) 등 4가지 유형임

라. 멘토와 멘제의 연결방법

1) 가장 적합한 동일성격 – 동일성격끼리 연결 방법

2) 무난한 보조성격 – 동일성격이 모자랄 경우 보조성격끼리 연결

3) 피해야 할 대조성격 – 가능한 대조성격끼리는 연결을 피해야 한다.

마. Lynchpin Game의 핵심사항

린치핀 게임에서 제일 중요한 핵심사항은 멘토와 멘제 상호간에 성격을 파악한 후에 바람직한 대응과 피해야 할 대응을 제대로 이해하고 멘토링 기간에 시행해야 한다.

그렇게만 한다면 상호 좋은 관계를 유지할 수 있을 것이다.

1) 바람직한 대응 – 이런 내용을 접하게 되면 더욱 좋은 분위기에서 실적이 향상된다.

2) 피해야 할 대응 – 이런 내용을 접하면 스트레스를 받고 좋은 실적을 낼 수 없다.

1. Lynchpin Game 설문표

□ 성명: □ 연령: □ 성별: □ 소속: □ 직위:

1) 이 설문 항목은 4가지 행동유형에서 강점과 약점을 선별할 수 있다.
2) 가능한 한 4개 한 묶음에서 1개씩을 선택하라.
3) 그러므로 전체 68항목 중에 17개만 ○표 하면 된다.

	<강점> 1 – 40번			<약점> 41 – 68번	
No	설문항목	O표	No	설문항목	O표
1	행동이 적극적이다.		37	개방적, 쾌락적인 일을 좋아한다.	
2	협력적이다.				
3	효율적이다, 능률적이다.		38	상대방의 기분을 이해한다.	
4	근면하다.		39	스스로 움직인다.	
			40	분석력이 뛰어나다.	
5	매사에 열중한다.		41	본제에서 벗어난다.	
6	가까이하기 쉽고, 친하기 쉽다.		42	결단이 느리다.	
7	열심히 일한다.		43	남에 대한 배려가 부족하다.	
8	매사를 면밀히 추진한다.		44	유연성이 결여되어 있다.	
9	활기가 넘친다.		45	시간관념이 희박하다.	
10	사교술이 능숙하다.		46	자기주장이 적다.	
11	행동이 민첩 신속하다.		47	억지를 부린다.	
12	논리적, 체계적이다.		48	결단을 내리는 데 시간이 걸린다.	
13	대인관계에 능숙하다.		49	감정에 좌우된다.	
14	코치나 상담에 능숙하다.		50	일에 대한 관심이 희박하다.	
15	책임감이 강하다.		51	말투가 억세다.	
16	질을 중시한다.		52	박력이 부족하다.	

No	설 문 항 목	O표	No	설 문 항 목	O표
17	상대방을 몰두하게 한다.		53	기분이 변하기 쉽다(싫증나기 쉽다).	
18	온화하다.				
19	늘 성과(결과)를 중시한다.		54	남의 일에 너무 신경을 쓴다.	
			55	지나치게 자기중심적이다.	
20	문제발견에 흥미를 느낀다.		56	혼자 일을 한다.	
21	영감(inspiration)을 중요시한다.		57	정리, 정돈이 서툴다.	
			58	비약이나 모험을 노리지 않는다.	
22	개인적인 정보에 강하다.				
23	도중에 포기하지 않는다.		59	안색, 목소리, 표정이 빈약하다.	
24	사실을 중시한다.		60	표정이 없는 편이다.	
25	비약에 목표를 둔다(大志).		61	차근차근 책 읽기를 싫어한다.	
26	소집단 활동을 즐긴다.				
27	시간에 정확하다.		62	신속하지 못하다.	
28	지식, 정보를 수집한다.		63	무리한 목표라도 도전한다.	
			64	보수적(비약하려 하지 않는다)이다.	
29	민감하게 반응한다.		65	논리적으로 생각하기를 싫어한다.	
30	긴장을 풀어준다.				
31	간결하고 낭비가 적다.		66	주저하기 쉽다.	
32	일을 제대로 처리한다.		67	냉담하다.	
			68	사교성이 결여되어 있다.	
33	미래지향적이다.				
34	분위기 조성을 잘한다.				
35	열정적이다.				
36	자기관리를 할 수 있다.				

2. 조합형(Matrix) 성격유형 구분표

앞 페이지에서 선택한 17개 항목의 번호를 아래 중에서 선택하면 귀하의 성격유형(Personality Type)은 가장 많이 집계되는 항목이다. 그러므로 주도형, 우호형, 관리형, 분석형 중에 하나가 된다. 설문 작성 결과에 만족하지 못할 경우에는 다시 작성도 가능하다. 혹시 동점이 되는 경우가 있는데 다음 페이지에서 두 가지 유형의 특성을 읽어보고 자기에게 맞는 부분을 최종 선택한다.

4가지 성격유형 구분표

Dominating Style(주도형)	Facilitating Style(우호형)
1, 5, 9, 13, 17, 21, 25, 29, 33, 37, 41, 45, 49, 53, 57, 61, 65	2, 6, 10, 14, 18, 22, 26, 30, 34, 38, 42, 46, 50, 54, 58, 62, 66
Controling Style(관리형)	**Analytical Style(분석형)**
3, 7, 11, 15, 19, 23, 27, 31, 35, 39, 43, 47, 51, 55, 59, 63, 67	4, 8, 12, 16, 20, 24, 28, 32, 36, 40, 44, 48, 52, 56, 60, 64, 68

3. 멘토, 멘제 연결 원칙

멘토와 멘제의 연결에서 가장 좋은 한 쌍(Best Pair)은 같은 성격끼리 연결한다. 그러나 인원수가 맞지 않을 경우에는 무난한 한 쌍(Gold Pair)으로 상호 보완되는 성격끼리 연결한다. 가능한 연결이 부적합한 한 쌍(Poor Pair)은 상호 대조되는 성격이다. 대조되는 성격도 사제 간(師弟 間) 등 신분의 현저한 차이나, 10년 이상 나이 차이, 장기간이나 평생 멘토링에서는 크게 구애받지 않는다. 그러나 단기간이나 나이가 비슷한 사원 간의 멘토링에서는 생산성을 염두에 둔다면 대조 성격 간의 연결은 피하는 것이 좋다. 왜냐하면 대조 성격은 다툼의 확률이 많기 때문이다.

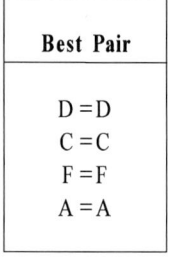

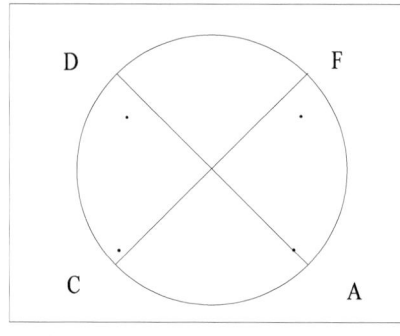

Best Pair
D = D C = C F = F A = A

Gold Pair
D = F D = C A = C A = F

Poor Pair
D ≠ A C ≠ F

4. 4가지 유형의 특성분석 및 대응방안

1) 주도형(Dominating Style)

(1) 주도형의 특성

D	F
C	A

▷ 주도형(Dominate)인 사람은 매사에 적극적이며, 자신은 물론 남도 잘 부추긴다. 사교적으로 이야기하기를 즐기고, 늘 주변에 활발한 분위기를 조성해 낸다.

▷ 주변 사람들과 커뮤니케이션을 꾀하면서 일을 추진해 나가지만, 주도권을 잡는 데도 관심을 기울여, 창조적인 것을 찾아 위험을 무릅쓰고 문제해결에 도전한다.

▷ 전형적인 특징을 정리해 보면
① 외향적 ② 정열적 ③ 설득적 ④ 사교적 ⑤ 자발적이라 하겠다.

※ 이 사람의 행동은 **칭찬(Recognition)욕구**에 의거하고 있다.

강 점	약 점
1. 행동이 적극적이다.	1. 본제에서 벗어난다.
2. 매사에 열중한다.	2. 시간관념이 약하다.
3. 활기가 넘친다.	3. 감정에 좌우된다.
4. 대인관계에 능숙하다.	4. 기분이 변하기 쉽다(싫증나기 쉽다).
5. 상대방을 몰두하게 한다.	5. 정리, 정돈이 서툴다.
6. 영감(inspiration)을 중요시한다.	6. 차근차근 책 읽기를 싫어한다.
7. 비약에 목표를 둔다(大志).	7. 매사를 논리적으로 생각하기를 싫어한다.
8. 민감하게 반응한다.	
9. 미래지향적이다.	
10. 개방적, 쾌락적인 일을 좋아한다.	

(2) 주도형의 대응

① 기본욕구

인 정		칭 찬

② 바람직한 대응

(1) 흉금을 터놓기 위해 세상사나 농담으로부터 이야기를 시작한다.

(2) 상대방을 치켜세우거나, 최대한 관심을 표시한다. 내놓은 아이디어나 생각을 지지한다.

(3) 크게 논의한다.

(4) 정력적으로 신속하게 큰소리로 이야기한다.

(5) 다른 사람이나 저명인사의 의견을 인용한다.

(6) 커다란 관점에서 이야기를 전개한다.

(7) 목표 달성 과정의 즐거움을 시사한다.

(8) 경쟁심을 부추긴다.

(9) 상대방의 꿈이나 아이디어에 관심을 표명한다.

③ 피해야 할 대응

(1) 소극적이며 인정 없는 태도를 취하지 않는다.

(2) 자질구레한 이야기는 피한다.

(3) 원리, 원칙이나 규칙을 고집하지 않는다.

(4) 상대방을 비판하거나 설득하지 않는다.

(5) 좋고 나쁨, 사실, 숫자 등을 고집하지 않는다.

(6) 일만을 따지는 이야기가 되지 않게 한다.

④ **적극적으로 써야 할 말**

(1) 급성장 (2) 창조 (3) 차별화 (4) 영향력 (5) 이미지 (6) 인간

2) 우호형(Facilitating Style)

D	F
C	A

(1) 우호형의 특성

▷ 우호형(Facilitating)인 사람은 무엇보다도 개인적인 연관을 중시한다. 옆에서 보면 차분한 가운데 부드럽고 성실하며 소극적이나, 따뜻하고 감정에 가까이하기 쉬운 사람이라는 느낌이 든다.

▷ 팀워크를 중시하여 철저한 협력 아래 일을 추진해 가기를 좋아하지만, 모험을 별로 하려 들지 않는다. 무엇보다도 책임을 다 함께 지고 싶어 한다.

▷ 인간관계를 쌓는 데에 관심이 있으며, 결단을 할 때에는 주위 사람들로부터 지원을 요청한다.

▷ 전형적인 특징을 정리해 보면

① 지지적 ② 협력적 ③ 사교적 ④ 인내심이 강하다 ⑤ 충실하다

※ 이 사람의 행동은 **용납(Acceptance) 욕구**에 의거하고 있다.

강 점	약 점
1. 협력적이다.	1. 결단이 느리다.
2. 가까이하기 쉽고, 친하기 쉽다.	2. 자기주장이 적다.
3. 사교술이 능숙하다.	3. 일에 대한 관심이 희박하다.
4. 코치나 상담에 능숙하다.	4. 남의 일에 너무 신경을 쓴다.
5. 온화하다.	5. 비약이나 모험을 노리지 않는다.
6. 개인적인 정보에 강하다.	6. 신속하지 못하다.
7. 소집단 활동을 즐긴다.	7. 주저하기 쉽다.
8. 긴장을 풀어준다.	
9. 분위기 조성을 잘한다.	
10. 상대방의 기분을 이해한다.	

(2) 우호형의 대응

① 기본욕구

용 납	수 용

② 바람직한 대응

(1) 흉금을 터놓은 분위기로 개인에 관계된 이야기로부터 들어간다.

(2) 1 : 1로 대응하고, 개인적인 관심이나 목표를 끌어낸다.

(3) 상대방에게 말을 시켜 의견을 끌어낸 뒤, 그의 말에 귀를 기울인다.

(4) 상대방이 협력해 준 것에 대해서 감사표시를 한다.

(5) 상대방에게 불안감이나 염려를 끼쳤다면 이를 제거한 뒤 격려한다.

(6) 당신이 주도적으로 목표를 정하고, 압력을 가하지 않은 채 동의를 촉구한다.

(7) 온화한 부드러운 말씨로 이야기한다.

(8) 상대방의 생각을 적극적으로 받아들인다.

(9) 결단을 내리는 데에 모험이 적음을 보증한다.

③ **피해야 할 대응**

(1) 일에 관한 이야기를 곧바로 하지 않는다.

(2) 냉담한 태도, 무관심한 태도를 나타내지 않는다.

(3) 논리나 책략으로 반론을 펴지 않는다.

(4) 지배적으로 군림하거나 과도한 요구는 하지 않는다.

(5) 갈등을 빚지 않는다.

(6) 곧바로 결론을 이끌어 내지 않는다.

④ **적극적으로 써야 할 말**

(1) 인간 (2) 서비스 (3) 팀워크 (4) 성실 (5) 커뮤니케이션 (6) 가정

3) 분석형(Analytical Style)

D	F
C	A

(1) 분석형의 특성

▷ 분석형(Analytical)인 사람은 목표를 향해 착실히 추진해 나감을 높은 가치로 삼는다.

▷ 행동은 언제나 냉정, 침착하고 차분하며, 소극적인 데다가 규칙적인 반면, 독립심은 강하다. 일에 있어서는 체계적이며 사실과 논리에 입각한 접근을 중시하고, 정보나 데이터를 수집, 분석하기를 좋아하며 모험은 최소한으로 하는 방법을 철저히 검토한다.

▷ 대인관계는 비즈니스맨답게 감정을 드러내지 않는다. 결단을 내릴 때는 확률이나 확증을 늘 염두에 두고 행한다.

▷ 전형적인 특징을 정리해 보면

① 논리적 ② 완벽주의 ③ 사실중시 ④ 신중함을 들 수 있다

※ 이 사람의 행동은 **안전(Security) 욕구**에 의거하고 있다.

강 점	약 점

강 점
1. 근면하다.
2. 매사를 면밀히 추진한다.
3. 논리적, 체계적이다.
4. 질을 중시한다.
5. 문제발견에 흥미를 느낀다.
6. 사실을 중시한다.
7. 지식, 정보를 수집한다.
8. 일을 제대로 처리한다.
9. 자기관리를 할 수 있다.
10. 분석력이 뛰어나다.

약 점
1. 유연성이 결여되어 있다.
2. 결단을 내리는 데에 시간이 걸린다.
3. 박력이 부족하다.
4. 혼자 일을 한다.
5. 표정이 부족하다.
6. 보수적(비약하려 하지 않는다).
7. 사교성이 결여되어 있다.

(2) 분석형의 대응

① 기본욕구

안 전	정 보

② 바람직한 대응
(1) 일에 관한 이야기로부터 들어간다.
(2) 신중하게 천천히 진행된다.
(3) 데이터, 자료 등 사전준비는 완벽하게 하여 대응한다.
(4) 충분한 시간을 갖고 차근차근 이야기한다.
(5) 구체적이고 실증적인 데이터로 정보를 풍부하게 주고 뒷받침해 준다.
(6) 상대방에게 생각할 수 있는 시간을 충분히 준다.
(7) 뜻밖의 결과가 나오지 않게 하고, 모험이 적음을 보증한다.
(8) 논리적 사실에 의거하여 체계적으로 설명한다.
(9) 결론은 서면으로 남겨둔다.

③ 피해야 할 대응
(1) 상대방이 혼란될 만한 이야기는 피한다.
(2) 너무 과장된 이야기는 하지 않는다.
(3) 치켜세우거나 너무 친숙한 이야기는 않는다.
(4) 다른 사람이나 저명인사의 의견을 사용하지 않는다.

(5) 책략이나 교묘한 수단을 쓰지 않는다.

(6) 결단(의사결정)을 서두르지 않는다.

④ **적극적으로 써야 할 말**

(1) 정보데이터 (2) 보증 (3) 의무 (4) 손익 (5) 지식 (6) 정확

4) 관리형(Controling Style)

(1) 관리형(Controling Style)의 특성

D	F
C	A

▷ 관리형(Controling)인 사람은 일에 강한 관심을 지녀 솔선수범하고, 결과나 성과를 중시하는 데에 높은 가치를 경주한다. 행동은 신속하고, 기회를 교묘히 이용하여 남을 밀어제치고서라도 자기의 의지를 관철시킨다. 혼자서 일을 하거나 남을 지도하여 일을 하게 하기를 좋아한다. 경쟁심도 왕성하다.

▷ 대인관계는 담백한 편이고, 일 이외의 교제라든가, 세상 돌아가는 이야기 등은 좋아하지 않는다.

▷ 전형적인 특징을 정리해 보면

① 자립적 ② 솔직 ③ 과단성 ④ 실리주의 ⑤ 능률 등을 들 수 있다.

※ 이 사람의 행동은 **성취(Achievement) 욕구**에 의거하고 있다.

강 점	약 점
1. 효율적, 능률적이다.	1. 남에 대한 배려가 부족하다.
2. 열심히 일한다.	2. 억지를 부린다.
3. 행동이 민첩, 신속하다.	3. 말투가 억세다.
4. 책임감이 강하다.	4. 지나치게 자기중심적이다.
5. 늘 성과(결과)를 중시한다.	5. 안색, 목소리, 표정이 빈약하다.
6. 도중에 포기하지 않는다.	6. 무리한 목표라도 도전한다.
7. 시간에 정확하다.	7. 냉담하다.
8. 간결하고 낭비가 적다.	
9. 열정적이다.	
10. 스스로 움직인다.	

(2) 관리형의 대응

① 기본욕구

성 취	효 율

② 바람직한 대응

(1) 일에 관한 이야기를 중심적으로 한다.

(2) 간결하고 알기 쉽게 이야기한다.

(3) 시간을 정확히 지킨다.

(4) 정력적으로 신속하게 이야기한다.

(5) 목표와 결과를 늘 분명히 한다.

(6) 상대방의 결단, 의사결정에 위임한다.

(7) 선택하기 쉽게 조건의 수를 적게 둔다.

(8) 성공할 확률을 사실이나 숫자에 근거하여 설명한다.

(9) 주요 사실을 골라 논리적으로 재빠르게 나타낸다.

③ 피해야 할 대응

(1) 시간낭비는 피한다(두서없이 지루하게 말하지 않는다).

(2) 개인적인 문제나 개인의 생각을 내놓지 않는다.

(3) 지시, 명령, 충고하는 말투를 쓰지 않는다.

(4) 의문스러운 점이나 불명확한 점을 남기지 않는다.

(5) 결론을 먼저 내지 않는다.

(6) 잡담이나 세상사는 말을 하지 않는다.

④ 적극적으로 써야 할 말

(1) 결단 (2) 시간 (3) 목표 (4) 이익 (5) 성공 (6) 통솔력

게임3 Pygmalion Game

-멘토링 활동 촉진 기법 중에 하나가 멘토는 멘제에 기대를 갖고 칭찬해 주고 긍정적으로 잠재가치를 인정해 주는 것이 필수적이다.

여기에 최적의 프로그램으로 피그말리온 효과(Pygmalion Effects)가 활용된다. Pygmalion이 자기가 조각한 여인상에 기대와 열정을 갖고 매달린 결과 현실의 여인으로 변화시켰다는 데서 기인하며 심리학자 로젠탈(Rosenthal)과 제이콥슨(Jacobson)에 의해서 그 효과가 검증되었다

일반적인 칭찬프로그램과 달리 본 피그말리온 게임의 차별성은 먼저 멘제의 활동 유형 성격을 4가지 유형으로 구분하여 각기 성격 유형에 맞게 칭찬을 해주자는 Tool이다.

* 행동유형

1) 봄형 – 행동유형 – 성취욕이 강하므로 목표를 달성한 순간 바로 칭찬하라.
2) 여름형 – 자발유형 – 작은 성과에도 감탄사를 붙여서 아낌없이 칭찬하라.
3) 가을형 – 협력유형 – 아무리 사소한 일이라도 중요한 역할을 했다고 칭찬하라.
4) 겨울형 – 성실유형 – 구체적인 내용을 짚어서 칭찬하면 2배로 효과가 있다.

1. Pygmalion의 원리는?

피그말리온은 그리스 신화에 나오는 조각가의 이름이다. 뛰어난 조각 기술을 가졌던 그는, 자신이 만든 조각상과 사랑에 빠진 나머지 신에게 조각상에 생명을 불어넣어 주기를 간청했다. 그리고 신은 그의 간절한 소망에 감동해서 결국 그의 부탁을 들어주었다는 이야기다.

멘토링 활동에서도 멘토(Mentor)가 '피그말리온'처럼 마음속에 강렬하게 기대하고 있으면 멘제(Menger), 즉 상대방이 그 기대에 부응해 주는 현상을 '피그말리온 효과'라고 부른다.

피그말리온 효과에 대한 연구는 심리학과 교육학에서 먼저 시작되었다. 선생님으로부터 학습 능력이 낮다고 인정받은 집단과 학습 능력이 뛰어나다고 인정받은 집단 간의 비교에서 학습 능력이 뛰어나다고 인정받은 집단의 학습 성과가 실제로 훨씬 크다는 사실이 발견되었던 것이다.

1) Pygmalion의 효과는?

오늘날 각 기업들은 인재의 중요성을 깨닫고 유능한 핵심 인재를 확보하기 위해 치열한 경쟁을 벌이고 있다. 유능한 인재를 발굴하여 채용하는 것도 중요하지만, 이에 못지않게 사람이 갖고 있는 잠재 능력을 제대로 발휘할 수 있도록 돕는 것 역시 중요하다. 이러한 측면에서 최근 주목받고 있는 개념이 피그말리온 효과(Pygmalion Effect)다.

이러한 결과는 기업에서 팀 리더와 팀원 간의 관계 속에서도 똑

같이 적용될 수 있다. 팀원에 대한 팀 리더의 긍정적인 기대가 팀원의 성과와 태도에 영향을 미치고 결국 생산성의 증가에까지 이어진다는 것이다. Dow Chemical은 자사의 임원 육성 프로그램(Executive Education Program)을 통해 피그말리온 효과를 체험한 경우다. 리더로부터 이 프로그램에 참여하도록 권유받은 팀원은 그렇지 못한 팀원에 비해 훨씬 높은 성과를 나타내었다. 이것은 본인이 미래의 임원으로 성장할 수 있는 가능성을 리더로부터 인정받았다는 사실이 개인으로 하여금 목표 달성을 위한 동기를 부여하고 성과 향상에 기여하였음을 보여주는 사례다.

'**피그말리온 효과**'란 기대감을 갖고 사람을 대하게 되면 상대방의 말과 행동에 변화가 생긴다는 불가사의한 마음의 작용이다. 그리스 신화에 나오는 '피그말리온'이라는 조각을 잘하는 왕(王)은 상아에 여성상을 조각한 다음, 이 여성상을 살아 있는 현실의 여인으로 변하게 하고 싶다고 강렬하게 원했는데 이 왕의 진지하고 강렬한 믿음에 감동을 받은 여신 '아프로디테'가 그 조각에 생명을 불어넣어 왕의 소원을 들어주었다는 내용이다.

멘토링 활동에서도 멘토(Mentor)가 '피그말리온'처럼 마음속에 강렬하게 기대하고 있으면 멘제(Menger), 즉 상대방이 그 기대에 부응해 주는 현상을 '피그말리온 효과'라고 부른다.

2) 오늘날 현실에 적용은?

자료 1. 엘리자(Eliza) 이야기와 피그말리온 효과

조지 버나드쇼의 희곡 '**피그말리온(Pygmalion)**'에서 넝마를 걸친 런던 토박이 소녀 엘리자는 음성학자인 히긴스 교수의 관심을 끌게

된다. 히긴스는 자신이 돌볼 경우, 엘리자가 영국귀족영어를 완벽하게 구사하는 숙녀로 변할 수 있음을 증명해 보이려고 그를 맞게 된다. 멘토로서 히긴스는 결국 그의 꿈을 넘어서 성공을 거두고, 그 과정에서 멘제인 엘리자와 자기 자신마저 변화시키게 된다. 바로 우리가 잘 알고 있는 영화 '마이 페어 레디(My Fair Lady)'가 그것이다.

오늘날 산업계의 가장 큰 도전은 가장 가치 있는 자원인 구성원들을 충분히 개발하지 못하고 충분히 이용하지 못하고 또한 효과적으로 관리하지 못하는 상황을 바로잡는 것이다. 그것뿐만이 아니다. 히긴스 교수는 **"인재들이 완전히 개발된 상태로 조직에 합류하는 일은 거의 없다"**라고 말했다. 사람들은 상당한 잠재력을 가지고 있다. 제대로 영양분을 공급받고 적절한 훈련을 받아야 잠재력을 충분히 발휘할 수 있는 것이다. 이런 점에서 히긴스 교수는 넝마주이 엘리자를 귀부인으로 개발하는 데 '멘토링의 놀라운 힘'을 시범으로 보여주었던 것이다.

자료 2. 에밀리(Emily) 이야기와 피그말리온 효과

엘리자와는 반대로 에밀리는 영어와 종교학을 복수 전공하여 대학을 우등으로 졸업했다. 그러나 졸업 후 거친 세계에 들어갈 준비가 전혀 되어 있지 않다는 점에서는 엘리자와 마찬가지였다. 졸업 후 그는 기술 컨설팅 회사에 입사했으나 아무도 그녀의 잠재력을 확장할 수 있는 기회를 주지 아니했다. 에밀리는 현재의 직무에서 더 이상 개인적인 도전이나 발전의 기회를 찾을 수 없다는 것을 알고 핫잡닷컴(Hotjobs.com)으로 자리를 옮겼다.

그녀는 나중에 회사의 대변인이 되었으며 컴텍스 컴퓨터 회사로부

터 소프트웨어 부문의 영예로운 상을 수상하기도 했다. 다음에 그녀는 제품관리부문의 부사장이 되었다. 개인적 재능과 노력에 의해 에밀리는 성공할 수 있었다. 그러나 성공에는 또 다른 요소의 도움이 있었다. 그녀는 전(前) 최고경영자인 리차드 존슨(Richard Johnson)으로부터 받은 개인적인 격려와 가르침이 없었다면 그렇게 빨리 성공할 수 없었을 것이라고 인정했다.

멘제인 에밀리는 말했다. "내가 처한 상황에서 나는 20년의 경력을 쌓은 멘토인 리차드 존슨처럼 행동할 수 있을 것으로 많은 사람이 기대했다. 나는 마치 **멘토의 20년의 경력을 단 2년에 농축하여 경험한 것 같은 느낌**이 든다." 그렇다. 멘제인 에밀리가 멘토인 존슨으로부터 10배의 놀라운 속도로 경력업무를 숙달한 것은 바로 멘토링의 놀라운 힘을 그대로 보여준 것이다.

2. Pygmalion 칭찬기술 프로그램

멘토제도(Mentor Program)는 기업체, 학교, 교회, 군대, 공공기관 등 모든 조직의 구성원들에게 폭넓게 적용할 수 있다고 생각한다. 이런 조직에는 효과적이다, 저런 조직에는 효과적이지 않다고 할 만한 것이 별로 없다는 것을 경험에 비추어 판단할 수 있다. 다만 멘토제도를 일회성 교육 이벤트식으로 도입하여 그 후 제대로 프로그램을 유지하느냐 못 하느냐에 따라 성패가 좌우된다는 것을 알아야 한다.

그러므로 멘토는 멘제에 관하여 날마다 관심을 갖고 준비된 적절한 프로그램을 적용하는 것이 무엇보다도 중요하다는 것은 두말할 필요도 없다.

특별히 피그말리온 게임은 멘토 / 멘제가 도입교육 후 일정 기간이 지나면 열이 식을 가능성을 염두에 두고 활동 촉진 프로그램으로 개발한 것으로 멘토가 멘제에게 기대감과 칭찬 서비스를 제공하여 멘제의 자존감을 높여 줌으로써 멘토링 활동 기간에 계속해서 인간관계 활성화와 담당업무 촉진에 크게 기여하는 데 목적이 있는 것이다.

오늘날 조직의 관리자들의 스트레스는 실적은 오르지 않고, 부하직원은 말을 듣지 않고, 그렇다 보니 상사로부터 꾸중을 듣게 되어 어려운 경우에 처하게 된다. 관리자 멘토에게 자신이 담당하고 있는 멘제나, 또한 부하직원에게 아래 내용의 구체적이고도 체계적인 칭찬기술 프로그램인 피그말리온 게임을 통해 새로운 분위기를 시도해 볼 기회를 찾기 바란다.

1) 인간 행동유형의 원리

우리 속담에 "한마디 말로 천 냥 빚을 갚는다"라는 말이 있다. 그 말 중에는 아마도 칭찬이라는 단어도 포함되지 않을까 생각해 본다. 칭찬은 자식에게 물려줄 수 있는 최고의 유산이다. 칭찬은 사랑보다 강한 에너지다. 그럴수록 칭찬은 사람에게 맞게 쓸 줄 알아야 한다.

서양란은 물을 자주 주지 않으면 죽는다. 반면 동양란은 물을 자주 주면 죽는다. 사람 중에도 서양란이 있고 동양란이 있다. 무턱대고 칭찬만 한다고 좋은 것은 아니다. 마찬가지로 다양한 활동 유형을 가지고 있는 조직구성원들의 각자 활동 유형에 따라 칭찬하는 법을 달리해서 유형에 맞게 칭찬한다면 보약과 같은 것이다. 그러면 4

가지 활동 유형에 따른 칭찬법을 아래 내용으로 소개하고자 한다. 참여하는 모든 사람에게 의욕과 열정을 불러일으키는 계기가 되었으면 한다.

- 봄형(SP) - 행동유형 - 성취욕이 강하므로 목표를 달성한 순간 바로 칭찬하라.
- 여름형(SU) - 자발유형 - 작은 성과에도 감탄사를 붙여서 아낌없이 칭찬하라.
- 가을형(AU) - 협력유형 - 아무리 사소한 일이라도 중요한 역할을 했다고 칭찬하라.
- 겨울형(WI) - 성실유형 - 구체적인 내용을 짚어서 칭찬하면 2배로 효과가 있다.

멘토링 도입교육에서 멘토 / 멘제는 성격개발게임(Lynchpin Game)을 통하여 타고난 성격유형(Personal Type)으로 주도형, 섭외형, 관리형, 분석형 등 4가지 유형으로 구분하였다.

금번 칭찬기술에서는 개인의 사고의 패턴과 외부세계에 반응하는 방식, 즉 활동 유형(Activity Type)에 따라 봄형, 여름형, 가을형, 겨울형으로 구분하여 설명하고 유형에 맞게 칭찬법을 제시해 보고자 한다.

▲ 봄형(활동형)
봄형은 야심만만한 활동파로 자신이 생각하는 대로 일을 진행하는 것을 좋아한다. 과정보다는 결과를 중시하고 위험을 두려워하지 않

으며 목표 달성을 위해 매진한다. 결단력이 있고 표현 방법도 단도 직입적이다. 진행속도가 빠르고, 자신의 속도에 상대를 맞추려 한다. 자신의 나약한 모습을 타인에게 내비치는 일이 거의 없고, 감정을 표현하는 데도 서툴다. 타인의 지시에 따르는 것을 무엇보다도 싫어하고, 사람을 통제하려고 한다. 반면, 의리나 인정은 매우 두텁고, 다른 사람이 의지해 오면 거절하지 못하는 점도 있다.

좀 더 이해하기 쉽게 전형적인 봄형을 묘사하면, 상대의 얘기가 조금이라도 길어지면 불만스러운 감정이 얼굴에 드러나며 맞장구가 빨라지고 서두르는 경향을 보인다. 질문에도 쓸데없는 에너지 소비를 줄이기 위해 무척 짧게 대답한다. 자세한 설명을 요구해도 꼭 필요한 최소한의 얘기밖에 하지 않는다. 반면, 질문의 내용과 상관없이 자기가 얘기를 시작하면 성이 찰 때까지 달변을 늘어놓기도 한다. 인사치례를 하거나 애교 띤 웃음 짓는 일은 거의 없고, 다소 거리감이 느껴지는 빈틈없는 표정을 짓고 있는 경우가 많다.

▲ 여름형(자발형)

여름형은 자신의 독창적인 아이디어를 소중히 여기고, 타인과 활동성 있는 일을 함께 즐기는 것을 좋아한다. 맺고 끊는 것이 확실하고, 또 능숙하기도 하다. 매사에 자발적이고 에너지가 넘치며, 호기심도 강하고 즐거운 인생을 꿈꾸고 지향하기 때문에 사람들이 대부분 그를 좋아한다. 새로운 일을 시작하는 것은 잘하지만, 중장기 계획을 세우거나 계획대로 진행하는 데는 서툴다. 타인과 관계에서는 감정 표현이 풍부하고 말할 때 몸짓이나 손짓이 큰 것이 특징이다. 전형적인 여름형은 말을 잘한다. 이야기 전개가 매우 빨라, 어떤 한

가지 일에 대해 얘기하고 있는가 하면 어느새 다음 화제로 옮겨 가 있기도 하다. 몸짓과 손짓이 크고 의성어와 의태어 그리고 '진한 감동이 느껴지는', '단번에 가자!'라는 표현을 자주 쓴다. 기분을 항상 솔직하게 표현하며, 표정이 무척 풍부하다. 가만히 꼼짝 않고 있는 일이 거의 없고, 언제나 여러 사람에게 말을 걸거나 여기저기 돌아다닌다. 모임에서는 화제를 이끌어 나가는 중심에 있는 경우가 많다.

▲ 가을형(협력형)

가을형은 타인을 돕는 것을 좋아하고 협력관계를 소중히 여긴다. 주위 사람의 기분에 민감하고, 배려도 잘한다. 일반적으로 사람을 좋아한다. 자기 자신의 감정은 억제하는 편이고, '노(No)'라는 말을 가능한 한 피하는 경향이 있다. 자신이 내놓는 제안이나 요구에 대해 소극적이다. 또한 사람들로부터 인정받고 싶다는 욕구가 강한 것이 특징이다.

전형적인 가을형은 이른바 '착한 사람'으로, 상대가 하는 말에 빈번하게 맞장구를 치면서 귀를 기울인다. 질문을 던져도 엉뚱한 답변을 한다거나 자기 방어를 위해 대답을 최소한으로 줄이지는 않는다. 상대가 의도한 대답을 들려주려고 애쓴다. 얘기하기에 앞서 '전에 들은 적이 있을지도 모르지만'이라는 서두를 붙이는 경우가 많고, 얘기한 다음 상대의 기대에 부합하는 대답을 했는지 확인하는 경향이 있다. 함께 있으면 상대가 기분 좋게 시간을 보낼 수 있도록 무척 신경을 쓴다.

▲ 겨울형(성실형)

겨울형은 행동하기 전에 많은 정보를 모으고, 분석하고, 계획을 세운다. 일을 객관적으로 처리하는 능력이 뛰어나고, 매사에 성실한 모습을 보인다. 또 완벽주의자여서 실수를 싫어한다. 반면 변화에는 약하고 행동은 신중하다. 사람과의 관계도 신중하고, 감정을 겉으로 드러내는 일이 거의 없다. 조언자나 해설자와 같은 '방관자'가 되기 쉽다.

전형적인 겨울형은 말할 때 신중하게 단어를 선택한다. 봄형처럼 생각에 앞서 먼저 입을 여는 일이 없고, 생각을 잘 모으고 정리하여 결론을 이끌어 낸다. 게다가 질문을 받으면 그 자리에서 바로 대답하지 않기 때문에 다소 반응이 더딘 편이다. '글쎄요', '그런가요?' 등 시간을 벌기 위한 말을 많이 한다. 감정 표현도 '너무 기뻐!'와 같이 직접적인 것이 아니라 '그때는 꽤 기쁘다고 느꼈지요'처럼 객관적인 표현을 주로 사용한다. 차분히 생각하는 경우가 많아 대개 표정은 차갑고 때로는 의식이 깨어 있는 사람으로 보이기도 한다.

이상으로 네 가지 인간형에 대해 알아보았다. 그런데 예를 들어 어떤 사람이 봄형이라고 해서 그 사람이 활동의 면모만 갖고 있다고는 말할 수 없다. 당연히 다른 유형의 요소도 겸해서 갖추고 있다. 그러나 네 유형의 특징을 편중됨 없이 골고루 갖추기는 힘들다. 사람에 따라 비교적 경향이 두드러지는 유형이 한두 개 정도는 있는 것 같다.

2) 인간의 활동 유형 구분법

여기, 자신이 어떤 인간형에 속하는지 판단할 수 있는 간단한 테스트를 준비했다. 멘토 / 멘제나 가족 또는 가까운 사람을 머릿속에 떠올려 진단해 보는 것도 좋을 듯싶다. 아래 유형은 완전하지 않지만 20항목이다. 어느 정도 경향을 살필 수 있을 것이다.

평소에 당신의 인간관계나 사고방식 및 현장 활동을 떠올리면서 아래 항목을 읽고 해당되는 숫자에 ○표를 하라. 직장을 비롯해 생활상에서 드러나는 역할을 조금 벗어나, 본래의 자신은 어떠한가에 초점을 맞추어서 판단하라.

▲ 1 = 딱 들어맞는다.　　　▲ 2 = 들어맞는다.

▲ 3 = 별로 해당되지 않는다.　　　▲ 4 = 해당되지 않는다.

NO	인간 유형 설문 항목	설문 진단 점수			
		1	2	3	4
1	자기주장을 하는 데 서툴다고 생각한다.				
2	평소 미래에 대한 열정을 갖고 있는 편이다.				
3	타인을 위해 한 일에 대해 고맙다는 인사를 받지 못하면 불쾌하게 생각하는 경우가 자주 있다.				
4	싫은 것은 싫다고 분명하게 말할 수 있다.				
5	타인에게는 좀처럼 경계를 풀지 않는다.				
6	타인에게 유쾌한 사람이라는 말을 곧잘 듣는다.				
7	짧은 시간에 가능한 많은 것을 하려고 한다.				
8	실패하고 다시 훌훌 털고 일어나는 것이 빠르다.				
9	타인의 부탁을 여간해서는 거절하지 못한다.				

NO	인간 유형 설문 항목	설문 진단 점수			
		1	2	3	4
10	많은 정보를 검토하고서 결단을 내린다.				
11	타인의 얘기를 듣기보다는 자신이 얘기하는 경우가 많다.				
12	낯가림을 하는 편이다.				
13	남과 자신을 자주 비교한다.				
14	변화에 대처하는 적응력이 뛰어나다.				
15	감정을 표현하는 데 서툴다.				
16	상대의 기분이 어떻든 다른 사람을 잘 돌보는 편이다.				
17	생각한 바를 직접적으로 말한다.				
18	일의 성과에 대해 사람들에게 인정받고 싶다.				
19	경쟁심이 강하다.				
20	무엇이든지 완벽하지 않으면 성이 차지 않는다.				

■ 진단방법

1. 20개 항목에 자신의 점수를 표시했으면, 각 인간형에 대한 항목의 점수를 각각 더한다. 각 인간형에 해당하는 항목은 아래와 같다.

봄 형	4	7	17	19	20	합 계
여름형	2	6	8	11	14	합 계
가을형	3	9	13	16	18	합 계
겨울형	1	5	10	12	15	합 계

2. 자신의 인간 유형 점수 계산방법 (3)＝(1)－(2)

인 간 유 형	(1) 설문 진단 점수 합계	(2) 기준점수	(3) 차감 내 점수
내 봄 형 점수		11	
내 여름형 점수		12	
내 가을형 점수		12	
내 겨울형 점수		13	

3. 진단 결과

2의 (3)에서 얻은 각각의 점수를 다음 그래프에 ○표로 표시하라. 그래프에서 가장 수치가 높은 것(＋ 쪽이나, －쪽이나 관계없이 높은 수치)이 비교적 강하게 두드러지는 그 사람의 인간형이라고 할 수 있다.

유 형	-6	-5	-4	-3	-2	-1	0	1	2	3	4	5	6
봄 형													
여 름													
가 을													
겨 울													

* 이 테스트는 어디까지나 경향을 판단하기 위한 것이지 각 항목의 점수가 우열을 가리기 위한 용도는 아니다.

3. Pygmalion 칭찬기술 적용

1) 봄형(SP) 멘제 칭찬하기

다음 대화의 예를 살펴보자. 그리고 무엇이 문제인가 살펴보도록 하겠다.

멘토: 최근 영업 활동을 아주 열심히 하고 있다는 평판이 돌더군.
멘제: 고맙습니다.
멘토: 자네는 프레젠테이션 능력도 선천적으로 타고났어.
멘제: 네?
멘토: 자네 후배도 자네가 함께 있으면 안심하지 않나?
멘제: 뭐, 꼭 그렇지도 않습니다.
멘토: 아냐, 자네만 있으면 모든 공모전은 휩쓸게 될 거라고 생각하던걸.
멘제: 글쎄요, 그렇지도 않은 것 같습니다만.
멘토: 어쨌든 앞으로 열심히 해주게. 기대하겠네.

<봄형 멘제에게는 그가 속한 팀 전체를 칭찬하라>
멘토는 멘제에게 칭찬을 해줌으로써 동기부여를 하려 한다. 그러나 이런 과잉칭찬은 봄형에게는 좀처럼 먹혀들지 않는다. 전형적인 봄형은 무엇보다도 '주도당하고 싶지 않다'는 경향이 강하다. 그래서 상대가 지나친 인사치례로 들릴 만한 표현을 사용하면, 일단 칭찬해

서 기분을 띄워 놓은 다음 자기 뜻대로 유도하려는 것이 아닐까. 다시 말해 조정하려는 것이 아닐까 하고 그 저의를 읽어 내려 애쓴다. 따라서 너무 지나친 칭찬은 봄형에게는 별로 효과적인 칭찬기술로 볼 수 없다. 그럼, 어떻게 하면 효과적으로 봄형을 칭찬할 수 있을까?

우선 그 사람 개인이 아니라 그가 속해 있는 팀의 일하는 모습이나 분위기에 대해 칭찬하는 것이 좋다. '자네 팀의 k 씨는 요즘 실적이 꽤 좋더군' 혹은 '자네 팀은 일에 대한 열정이 다른 팀보다 훨씬 뛰어나더군'처럼 말이다. 이런 칭찬은 봄형의 내면에 생길 수 있는 '조정당한다'는 느낌을 일시에 날려준다. 특히 봄형의 멘제가 팀 리더라면 리더의 역량을 인정받고 싶은 마음이 강하기 때문에 그러한 칭찬으로도 가능하다고 볼 수 있다.

<강한 성취욕을 가진 봄형 멘제는 목표 달성 순간에 자연스럽게 칭찬하라>

멘제의 출신학교에 대해 칭찬해도 좋고, 담당하고 있는 고객에 대해 칭찬해도 좋고, 가족에 관해 언급해도 좋다. 그 사람 자신이 아닌 그 주변을 대상으로 칭찬 공세를 펼쳐 보도록 하자. 이것이 우선 하나의 방법이다.

만약 그 사람 개인의 성과에 대해 인정해 주고 싶다면, 그 사람이 어디까지 가겠다고 설정한 그 목표를 달성한 순간 과장하지 말고 중립적인 입장에서 '잘했네' 하고 칭찬하는 것이 효과적이다.

강한 성취욕을 타고난 봄형에게 업무 도중에 '대단하다'고 말하면 '이 사람은 잘 모르는군. 그게 나의 최종 목표가 아니라는 걸' 하며 반발을 초래할 수 있다. '달성한 순간에 딱 맞춰서 자연스럽게!' 이

것이 그에게 잘 먹히는 칭찬기술이다.

<봄형 인간에게는 단호하고 정직하게 껄끄러운 말을 해보라>

그리고 마지막으로 하나 더 말하자면 단도직입적으로 '껄끄러운 문제'를 전달하는 것이 봄형에게는 놀라울 만큼 효과적인 반응을 유도할 수 있는 기술이기도 하다. 그러한 상황이 전개될 때 일반적으로 봄형 멘제는 "봄형 인간은 타인을 별로 믿지 않아요. 항상 상황을 주도하고 싶어 하기 때문에, 과격한 표현을 빌리자면 타인의 배신에 매우 민감하죠. 그런 사람에게 말하기 껄끄러운 상황을 무릅쓰고, 게다가 들으면 얼굴 굳힐 게 뻔한 부정적인 사항을 솔직히 지적해 주는 거잖아요. 그러면 봄형은 '이렇게까지 나를 염려해 주고 있구나' 하고 생각하게 되죠. 진심으로 나를 염려해 주고 있다고."

어떤가? 주변에 가까이 다가가기 힘든 분위기를 자아내는 멘제가 있는가? 그러한 사람에게 단호하고 정직하게 '쓴 소리'를 전달해 보는 것은 어떨까? 물론 '당신을 돕고 싶다'는 마음을 담아서 말이다.

2) 여름형(SU) 멘제 칭찬하기

봄형과는 달리 칭찬을 들으면 들을수록 기분이 상승하는 것이 여름형이다. 그들은 칭찬을 받더라도 상대가 무슨 생각을 하고 있는지 알아내려는 경향은 보이지 않는다. 다른 사람이라면 그저 인사치레려니 하며 잠시 저항감을 가질 만한 칭찬도 아무런 문제가 되지 않는다. 여름형은 대부분 칭찬을 순수하게 받아들인다.

여름형의 에너지원은 뭐니 뭐니 해도 자신을 향한 주위의 '관심'이다. 어떤 표현이든 상관없다. 스포트라이트를 받으면 그것으로 '만사 OK'이기 때문이다. 극단적인 표현을 빌려 '한 덩치 하는군!'이라고 풍채를 칭찬해도 '그런가?' 하며 웃음을 터뜨리는 것이 여름형이다. 멘토링 데이 때 멘토 / 멘제로 참가자들을 네 가지 유형으로 나눠 토론을 하면 효과적일 것이다. 주제는 '동기부여가 잘될 때와 그렇지 않을 때' 등으로 정하면 좋다. 여름형 팀에게 이 테마를 발표하게 한 다음, 서로가 여름형이 좋아할 만한 포인트를 몇 가지 지적해 주면 더욱 토론의 열기가 더해 갈 것이다.

<여름형은 보통 순수하므로 감탄사를 붙여서 아낌없이 칭찬하라>
여름형에게 동기부여를 하려면 매일 한 가지라도 좋으니 감탄사를 붙여서 칭찬해야 한다. 이유는 없어도 된다. 어쨌든 칭찬을 아끼지 마라. 월요일에는 '대단하네!' 화요일에는 '천재구만!' 수요일에는 '최고야, 최고!' 목요일에는 '자네밖에 없네!' 금요일에는 '자네뿐이야!' 하라. 주말에도 '자네한테 완전히 위임할 테니 맘대로 펼쳐봐!'라는 메일을 보내라. 이렇게 하면 여름형 동기부여는 절대 저하되지 않는다.
특별히 누군가의 이름을 거론해 '천재야!'라고 말한 것도 아닌데. 여름 팀은 일반적으로 그러하다는 얘기를 하고 있음에도 불구하고, 전원이 마치 자신에 관해 언급한 듯 싱글벙글 좋아한다. 그만큼 이런 표현에 '약하다'는 것이다. 반면 겨울형은 '대체 뭐가 좋은 거야. 그런 소리가'라는 듯한 냉담한 표정을 바꾸지 않는다.
반복하는 말이지만, 여름형에게는 아무튼 칭찬을 하자. 관심을 보이자. 가령 칭찬할 만한 점을 발견하지 못했다 해도 우선은 덩치라도 칭찬해 주자. 이 말은 뒤집어 말하면 여름형은 자신의 존재를 부정당하는 것에 약하다는 뜻이 된다.

<여름형은 이상적인 자기 이미지를 갖고 있으므로 부정적인 메시지는 전달하지 않는 것이 좋다>

여름형은 이상화된 자기 이미지를 분명히 갖고 있는 사람이 많기 때문에, 특히 스스로 잘될 것으로 생각한 아이디어를 부정당하면, 그것을 계기로 분발하기보다 오히려 움츠러들어 행동이 정체되는 경우가 많다. 따라서 가능하면 부정적인 메시지는 전하지 않는 것이 좋다. 상대의 방식에서 뭔가 하나라도 긍정적인 부분을 찾아내고, 그것을 더욱 잘 살리려면 이렇게 하는 게 좋지 않을까 하는 제안을 평소에 해야 한다. 그것이 여름형에게 조언할 때의 철칙이다. 여름형에게는 '속는 셈 치고 단 일주일이라도 좋으니까 칭찬해 보라' 그러면 일주일 뒤, 놀랍게도 바뀔 것이다.

3) 가을형(AU) 멘제 칭찬하기

가을형 멘제에게는 현재 하고 있는 일에 대하여 인정해 주는 것이 효과적이다. 이 유형은 무의식중에 자신이 쏟은 애정에 대해 상대의 보답을 바라는 경향이 있다. 상대가 그것을 평가해 주지 않으면 노여움으로 바뀌어 과격하게 공격하는 경우도 있다.

그리고 가을형은 주위의 기대에 부응하려고 꾸준히 노력하지만, 그 노력을 인정받기를 바란다는 강한 메시지는 좀처럼 보내지 않는다. 그렇지만 사실은 상대가 그 노력을 평가해 주는지 어떤지 호시탐탐 관찰하고 있으며, 만약 상대가 그 노력을 가볍게 취급하면 큰일이 벌어지기도 한다.

현실적으로 살펴보더라도 봄형 경향이 강한 정치지도자들, 또한 기업, 학교, 교회, 군대, 공공기관 등 조직의 CEO들이 가을형 경향이 강한 측근이나 가신, 참모나 임원들을 제대로 칭찬하지 못해서 그 조직이 문제가 생기고 급기야 와해가 되는 상황이 자주 일어나는 것을 볼 수 있다.

<가을형 인간은 자신이 쏟은 노력을 상대방이 인정해 주기를 무의식적으로 기대한다>

기업체에서 갑자기 사표를 던지는 사원 중에는 가을형이 압도적으로 많은 것을 볼 수 있다. 이는 스트레스를 누르다가 더 이상 쌓아둘 수 없어 어느 날 갑자기 돌변해 버리는 것이다.

봄형에는 그런 일이 별로 없다고 한다. 불평이나 불만이 있으면 평소에 비교적 기탄없이 말하기 때문이다. 조직에서 가을형의 측근들이 어느 날 갑자기 그만두겠다는 얘기를 꺼내 어찌할 바를 모르고 당황하는 경영자들을 지금까지 많이 보았다.

가을형은 '시험하지 말라'고 말하고 싶다. 가을형에게 일을 주면 아무리 사소한 것이라도 '정말 도움이 됐다, 고맙다' 하고 칭찬해야 한다. 다른 사람의 기대에 부응하고, 협력하고 싶다고 생각하는 가을형에게는 될 수 있는 한 감정을 말로 표현해 주어야 한다. 도와주어서 고맙다고, 기쁘다고, 정말로 도움이 되었다고 빈번하게 메시지를 전하는 것이다.

가을형은 자신이 받는 칭찬이 적어지면 다른 타입보다 훨씬 내면의 불안감이 커진다. 멘제가 혹시 마음속에 불만이 쌓이고 있지 않은가? 그 원인이 적절한 칭찬이 뒤따르지 못한 원인이 아닌가? 멘토는 유심히 관찰해 볼 필요가 있다.

4) 겨울형(WI) 멘제 칭찬하기

혹시 주위에 이런 사람은 겨울형이다 싶은 사람이 없는가? 있다면 그 사람에게 지금까지 시도해서 좋은 결과를 낳는 칭찬기술은 어떤 것이 있는가? 여러 가지 시도해 봤지만 좋은 결과를 얻지 못한 사람도 많을 것이다. 겨울형을 칭찬하려면 다른 어떤 타입보다 관찰이 필요하다.

겨울형은 여름형에게 하듯 '불쑥' 칭찬해서는 거의 효과가 없다. 그런 말을 하는 근거가 무엇인지 살피는 듯한 표정을 짓는 경우가 많다. 굳이 칭찬이라는 형태를 빌리고 싶다면 구체적으로 어떤 부분이 좋았는지 명확하게 짚어 주어야 한다. 그래야 상대는 비로소 칭찬을 받았다고 생각한다. 스포트라이트를 필요로 하는 여름형과 달리, 겨울형에게 필요한 것은 자신의 '전문성에 대한 인정'이다. 그래서 조금 까다롭게 느껴질지도 모른다.

<겨울형을 칭찬할 때는 구체적으로 어떤 점이 좋은지 지적하라>

예를 들어 프레젠테이션을 하러 멘제와 함께 거래처를 방문했다고 하자. 그때 멘제가 프레젠테이션을 무척 잘했다고 하자. 만약 그가 여름형이라고 하면 '오늘 정말 대단했어! 자넨 천재야!'라고 칭찬하는 것만으로 충분히 칭찬기술의 효과를 볼 수 있다. 그러나 그 멘제가 겨울형인 경우는 이런 칭찬 방법이 오히려 의구심을 부르기도 한다. '내 프레젠테이션에 대해 이해는 하고 있는 걸까?' 하고 말이다. 따라서 어디가 좋았는지, 왜 좋았는지를 가능한 구체적으로 전달해야 하는 것이다.

'오늘 프레젠테이션이 좋았어. 특히 다른 회사와 비교한 사례는

눈길을 끌더군. 듣고 있자니 무척 이해하기 쉽게 설명하더라고. 파워 포인트 사용도 잘했고. 속도감도 있어서 좋았어.' 이렇게 전달해야 비로소 그 멘제는 인정받았다고 생각한다.

겨울형에 대한 칭찬기술에서 또 하나 중요한 것은 상대의 속도감을 존중하는 것이다. 자신의 페이스를 인정받았다는 사실이 그에게는 무척 큰 자부심으로 느껴지게 된다. 다음의 사례를 참고하라.

관리자 멘토십 연수과정에 참석한 한 과장 멘토의 말을 빌리면 "겨울형 멘제가 있는데 지금까지 면담을 해봐도 별로 얘기를 하지 않았어요. 질문을 해도 시큰둥할 뿐이니. 그만 조바심이 나서 제가 먼저 결론을 내버리곤 했죠. 하지만 이번 면담에서는 지난번 연수에서 배운 칭찬기술을 실천해 봤습니다. '겨울형에게는 생각할 시간을 주는 게 좋다'는 명제를 적용해 봤죠. 사전에 구체적으로 이러이러한 것에 대해 듣고 싶다는 포인트를 적어 메일로 보냈어요. 그랬더니 그날로 A4용지 가득 나름대로 생각을 정리해서 주더군요. 게다가 지금까지와는 달리 그 뒤로 많은 얘기를 해주었습니다."

<겨울형은 업무에 대해 스스로 생각할 시간을 주어라>
겨울형은 어차피 할 거라면 자신의 생각을 가능한 한 정확히 정리해서 얘기하고 싶어 하는 경향이 있다. 그렇기 때문에 출력에 다소 시간이 걸린다. 이 시간을 배려해 주면 겨울형은 자신이 존중받고 있다고 생각한다.

상대의 페이스를 존중해 주고, 때로는 그의 전문성에 대해 제대로 가치 인정을 해준다. 이것이 냉랭한 겨울형의 기분을 파악하기 위해 빼놓을 수 없는 인정과 칭찬기술이다.

멘토링 활동 핸드북 Mentoring Handbook

- 초판 인쇄   2008년 7월 20일
- 초판 발행   2008년 7월 20일

- 지 은 이   류재석
- 펴 낸 이   채종준
- 펴 낸 곳   한국학술정보㈜
             경기도 파주시 교하읍 문발리 513-5
             파주출판문화정보산업단지
             전화 031) 908-3181(대표) · 팩스 031) 908-3189
             홈페이지 http://www.kstudy.com
             e-mail(출판사업부) publish@kstudy.com
- 등   록
- 가   격   28,000원

ISBN   978-89-534-9724-5 93320 (Paper Book)
        978-89-534-9725-2 98320 (e-Book)